CW00347523

Kartell- und Regulierungsrecht

herausgegeben von

Prof. Dr. Torsten Körber, LL.M. (Berkeley)
Prof. Dr. iur. Dr. rer. pol. Dr. h.c. Franz Jürgen Säcker
Prof. Dr. Matthias Schmidt-Preuß

Band 19

Prof. Dr. Torsten Körber, LL.M. (Berkley)/
Prof. Dr. Dr. h.c. Ulrich Immenga (Hrsg.)

Daten und Wettbewerb in der digitalen Ökonomie

Referate der 5. Göttinger Kartellrechtsgespräche
vom 22. Januar 2016

 Nomos

Die Deutsche Nationalbibliothek verzeichnet diese Publikation in der Deutschen Nationalbibliografie; detaillierte bibliografische Daten sind im Internet über http://dnb.d-nb.de abrufbar.

ISBN 978-3-8487-3617-1 (Print)
ISBN 978-3-8452-7918-3 (ePDF)

1. Auflage 2017

Vorwort

Die 5. Göttinger Kartellrechtsgespräche haben sich am 22. Januar 2016 mit dem hochaktuellen Thema „Daten und Wettbewerb in der digitalen Ökonomie" befasst. Die Referate beleuchteten die Fragen rund um „Dateneigentum", Datenschutz und „Datenmacht" aus ökonomischer wie rechtlicher, wissenschaftlicher wie praktischer Perspektive.

Nach der ökonomischen Grundlegung durch Prof. Dr. Ralf Dewenter unter dem Titel „Big Data: Eine ökonomische Perspektive" machte das Referat „Datennutzungsrechte als Teil des rechtlichen Rahmens für eine Datenwirtschaft" von Prof. Dr. Herbert Zech die Probleme deutlich, die sich bereits in Bezug auf den Datenbegriff und die Zuordnung der Verfügungsrechte an Daten ergeben. Die vielfältigen Beziehungen zwischen Kartellrecht und Datenschutz kamen in dem Referat „Die neue Datenschutz-Grundverordnung – eine erste Einordnung aus kartellrechtlicher Sicht" zur Sprache. Prof. Dr. Hans-Georg Kamann stellte hierzu Überlegungen aus der Sicht der Anwaltspraxis an. Die Rolle von Daten, Datenschutz und Kartellrecht wurden durch die Referate zum Thema „Datenmacht und Wettbewerb" von Prof. Dr. Torsten Körber und „Daten und Marktmacht" von Frau Dr. Irene Sewczyk vom Bundeskartellamt aus wissenschaftlicher wie praktischer Sicht weiter vertieft. Auch die Unternehmensperspektive kam zur Sprache. Dennis Kaben von Google untersuchte „Die Bedeutung von Daten für den Wettbewerb zwischen Suchmaschinen". Alle aufgeworfenen Fragen wurden abschließend in einer Podiumsdiskussion zwischen den Referenten und mit den Zuhörern erörtert.

Die Referate sind in teils aktualisierter und vertiefter Form in diesem Tagungsband zusammengetragen. Lediglich auf die Schriftfassung des Vortrags von Frau Sewczyk musste aufgrund der laufenden Ermittlungen des Bundeskartellamtes gegen Facebook verzichtet werden. Dafür wurde ein ausführlicher Tagungsbericht von Herrn Dominik Rock in den Tagungsband aufgenommen.

Besonderer Dank gebührt der Sozietät WilmerHale, Berlin, durch deren großzügige Förderung die Tagung ebenso wie dieser Tagungsband erst ermöglicht wurden, sowie den Mitarbeiterinnen und Mitarbeitern des Lehrstuhls Körber für die praktische Durchführung der Tagung und die satztechnische Aufbereitung dieses Tagungsbandes.

Göttingen, im August 2016

Prof. Dr. Torsten Körber, LL.M.
Prof. Dr. Dr. h.c. Ulrich Immenga

Inhaltsübersicht

Vorwort   5

Inhaltsübersicht   7

Big Data: Eine ökonomische Perspektive   9
Ralf Dewenter, Hendrik Lüth

„Industrie 4.0" – Rechtsrahmen für eine Datenwirtschaft im digitalen
Binnenmarkt   31
Herbert Zech

Kartellrecht und Datenschutzrecht – Verhältnis einer „Hass-Liebe"?   59
Hans-Georg Kamann

Ist Wissen Marktmacht? – Überlegungen zum Verhältnis von Datenschutz,
„Datenmacht" und Kartellrecht   81
Torsten Körber

Die Bedeutung von Daten für den Wettbewerb zwischen Suchmaschinen   123
Dennis Kaben

Daten und Wettbewerb in der digitalen Ökonomie (Tagungsbericht)   147
Dominik Rock

Autorenverzeichnis   153

Big Data: Eine ökonomische Perspektive

Ralf Dewenter [*] *und Hendrik Lüth* [**]

Inhalt

1.	Einleitung	10
2.	Das Wesen von Daten aus ökonomischer Perspektive	11
3.	Big Data im Spannungsfeld von Effizienz, Datenschutz und Wettbewerb	14
	3.1 Datenschutzprobleme aufgrund von Big Data	15
	3.1.1 Markteffizienz im Kontext persönlicher Daten	15
	3.1.2 Privacy und Internetdienste - Marktlösungen	16
	3.1.3 Privacy und perfekte Preisdiskriminierung	17
	3.1.4 Privacy und Targeted Advertising	19
	3.2 Wettbewerbsprobleme durch Big Data	19
	3.2.1 Big Data als Marktzutrittsbarriere	20
	Skalenerträge durch Daten	20
	Daten als Essential Facility?	22
	3.2.2 Big Data und Unternehmenszusammenschlüsse	23
4.	Fazit	25
	Literatur	27

[*]   Helmut-Schmidt-Universität Hamburg, Fakultät für Wirtschafts- und Sozialwissenschaften, Professur für Industrieökonomik, Holstenhofweg 85, 22043 Hamburg, E-Mail: dewenter@hsu-hh.de.

[**]   Helmut-Schmidt-Universität Hamburg, Fakultät für Wirtschafts- und Sozialwissenschaften, Professur für Industrieökonomik, Holstenhofweg 85, 22043 Hamburg, E-Mail: luethh@hsu-hh.de.

Ralf Dewenter, Hendrik Lüth

1.   Einleitung

Die sukzessive Digitalisierung aller möglichen Lebensbereiche hat dazu geführt, dass praktisch in jedem dieser Bereiche Informationen gesammelt werden und auch digital zur Verfügung stehen. Die dabei entstehenden Datenvolumen sind von enormer Größe und werden – auch wenn eine allgemeingültige Definition nicht existiert – landläufig als Big Data bezeichnet. In der Digitalwirtschaft entstehen solche Datensammlungen insbesondere bei der Verwendung von werbefinanzierten Internetplattformen. Aber auch andere Geschäftsmodelle sind von der Datensammlung nicht ausgenommen.

Grundsätzlich ist die partielle oder vollständige Werbefinanzierung von Medien schon lange ein gängiges Geschäftsmodell. Bei ausschließlich werbefinanzierten Medien zahlen Konsumenten für den Medienkonsum keinen monetären Preis, sondern bezahlen in Form von Aufmerksamkeit für die Werbung. Auch Mischfinanzierungen sind möglich, wie etwa bei Tageszeitungen, die sich sowohl aus dem Verkauf von Zeitungen als auch durch Werbeplätze finanzieren. Werbe- und Inhaltemarkt sind über mindestens einen indirekten Netzeffekt miteinander verbunden, was in der Zweiseitigkeit der Medienplattformen resultiert. Die Preise für beide Produkte werden so gewählt, dass diese Netzeffekte möglichst gut ausgenutzt werden und die Plattform ihren Gewinn maximiert. Wenn die Plattform als Konsequenz der Zweiseitigkeit keinen monetären Preis für die Inhalte erhebt, bedeutet dies jedoch nicht, dass sie kostenlos sind. Der Mediennutzer zahlt dann einen hedonischen Preis in Form seiner Aufmerksamkeit für die Werbung (Dewenter & Rösch, 2015).

Betrachtet man Online-Plattformen, so handelt es sich bei den meisten von ihnen – analog zu klassischen Medien – um zweiseitige Plattformen. Das zugrundeliegende Geschäftsmodell ähnelt dem der klassischen werbefinanzierten Medien, wobei auf Seiten der Konsumenten nur in den seltensten Fällen ein positiver monetärer Preis erhoben wird. Onlineangebote werden vielfach mit der Aufmerksamkeit für Werbung bezahlt, auch wenn sie in der Regel andere Formen annimmt, als die klassischen Anzeigen oder Werbespots. Neben der Aufmerksamkeit existiert jedoch mit persönlichen Daten noch eine weitere Währung, in der Konsumenten für die Inhalte zahlen. So hinterlassen Nutzer einer Suchmaschine wie *Google* etwa Informationen über ihr Suchverhalten und ihren Standort. Nutzer von Plattformen wie *Amazon*, auf denen Waren gehandelt und vermittelt werden, zahlen mit Informationen über ihr Konsumverhalten.

Auf Online-Märkten ist neben Geld und Aufmerksamkeit für Werbung also ein weiterer hedonischer Preis getreten, nämlich die Daten über die Nutzer und ihr Verhalten. Anbieter bieten Nutzern über ihre Plattformen Zugriff auf Informationen, Produkte und Dienstleistungen und erhalten im Gegenzug persönliche

Informationen über ihre Nutzer, die dem Plattformbetreiber und ggf. Dritten Aufschluss über ihr Verhalten und ihre Eigenschaften geben. Von diesem Modell profitieren nicht nur die Plattformbetreiber, sondern potentiell auch Endnutzer und Werbekunden. Die Verfügbarkeit personenbezogener detaillierter Daten erlaubt es Online-Plattformen im Kontrast zu klassischen Medien, Werbeschaltungen besser auf den Rezipienten zuzuschneiden. Dadurch können Mediennutzer mit Werbung konfrontiert werden, die näher bei ihren Präferenzen liegt und einen informationellen Mehrwert bietet. Werbetreibende wiederum erreichen durch die anhand von Daten personalisierte Werbung diejenigen unter den Mediennutzern, die eine größere Neigung haben, die beworbenen Produkte zu kaufen.

Gerade auf den großen Internet-Plattformen werden große Datenmengen erhoben und ausgewertet, was zu unterschiedlichen Problemen führen kann. Einerseits können Datenschutzprobleme entstehen, wenn die erhobenen Daten nicht oder nur unzureichend geschützt werden bzw. einer anderen Verwendung zugeführt werden. Andererseits kann es zu Wettbewerbsproblemen kommen. Vielfach wurden bereits aus Big Data resultierende Wettbewerbsbeschränkungen befürchtet. Gerade die großen Plattformen wie *Google*, *Facebook* und *Amazon* stehen hier wiederholt im Fokus.

Inwiefern tatsächlich Datenschutz- und wettbewerbsrechtliche Probleme aus Big Data im Kontext von Internetplattformen entstehen können und wie im Zweifel das Recht angepasst werden muss, soll Gegenstand dieses Aufsatzes sein. Dazu werden wir im Folgenden die Eigenschaften von Daten aus ökonomischer Perspektive beleuchten um dann mögliche Datenschutz- und Wettbewerbsprobleme zu diskutieren, die aus Big Data entstehen können.

2.   Das Wesen von Daten aus ökonomischer Perspektive

Oft werden Daten heutzutage als das „Öl der digitalen Ökonomie" gepriesen. Und tatsächlich sind Daten ein wichtiger Inputfaktor für einige Online-Plattformen. Zielgerichtete Werbung kann nur dann effizient gestaltet werden, wenn ausreichend Informationen über die Zielgruppe oder die Zielperson zur Verfügung stehen. Bei der Suchmaschinenwerbung zum Beispiel, sind alleine schon der Suchbegriff und der Standort des Suchenden wichtige Informationen für die Plattform bzw. den Werbenden, die in traditionellen Medien typischerweise nicht zur Verfügung stehen. Daten stellen damit ein Investitionsgut oder auch einen Inputfaktor für die Bereitstellung von Produkten dar.

Doch so passend die Analogie zum Rohstoff Öl hinsichtlich der Bedeutung von Daten für die Internetbranche auch erscheint, so irreführend ist sie in anderer Hinsicht. Daten weisen einige Funktionen in der digitalen Ökonomie auf, die

11

man dem Öl nicht zuweisen kann: So fungieren Daten als eine Währung im Internet, mit der Endkunden für die Nutzung von Diensten bezahlen, stellen also eine Art nicht-monetäres Zahlungsmittel dar. Daten werden im Austausch mit anderen Produktionen und Dienstleistungen erhoben. Darüber hinaus werden Daten in aller Regel nicht verbraucht, wenn sie etwa für zielgerichtete Werbung oder andere Zwecke verwendet werden. Es besteht also Nicht-Rivalität im Konsum, d.h. der Wert der Daten verschlechtert sich nicht durch deren Verwendung.[1]

Grundsätzlich sind Daten ein sogenanntes ausschließbares Gut, d.h. andere Unternehmen bzw. Personen können von dessen Konsum bzw. Nutzung wirksam ausgeschlossen werden. Weist ein Gut die Eigenschaften Nicht-Rivalität und Ausschließbarkeit auf, so spricht man in der Volkswirtschaftslehre von einem Clubgut. Erst wenn Daten (zum Beispiel in digitaler Form auf einer Plattform) veröffentlicht werden, könnte sich ihre Beschaffenheit als Gut verändern. Denn sind Daten erst einmal veröffentlicht, so kann niemand mehr ohne Weiteres von deren Nutzung ausgeschlossen werden, d.h. das Clubgut wird zu einem öffentlichen Gut. Ein öffentliches Gut ist dadurch gekennzeichnet, dass es sich der effizienten privatwirtschaftlichen Produktion verschließt, d.h. Marktversagen vorliegt. Im Kontext von Daten ist jedoch grundsätzlich nicht von einem Marktversagen auszugehen. Die Verwertung von Benutzerdaten ist oft und insbesondere im Kontext von Online-Plattformen wie Google nicht daran gebunden, dass diese veröffentlicht werden. Damit stehen sie im Kontrast zu anderen Informationsgütern wie z.B. Musik und Filmen in digitaler Form, deren Monetarisierung zwingend mit einer (selektiven) Veröffentlichung einhergeht. D.h. in den meisten Fällen kann bei von Online-Plattformen erhobenen Daten eine Veröffentlichung umgangen werden bzw. es besteht kein Anreiz dafür. Und auch eine erfolgte Veröffentlichung resultiert nicht zwingend in der Nicht-Ausschließbarkeit, wenn einer unautorisierten Verwertung der Daten durch Dritte geistige Eigentumsrechte entgegenstehen. Der Befund, dass Daten von vielfacher Seite und in großen Mengen produziert und bereitgestellt werden, weist ebenfalls darauf hin, dass hier kein Marktversagen vorliegt.

Die Eigenschaft der Nicht-Ausschließbarkeit hat jedoch nicht unbedingt zur Folge, dass die private Bereitstellung von Daten in jedem Fall wohlfahrtsmaximal ist. Dies liegt in der Nicht-Rivalität von Informationsgütern wie Daten begründet. Private, d.h. rivale und ausschließbare, Güter werden mit dem Konsum verbraucht. Ihre wohlfahrtsmaximale Verwendung finden sie deshalb dort, wo sie der höchsten Zahlungsbereitschaft gegenüberstehen, die wiederum den Wert

---

1   Ausnahmen bestehen zum Beispiel in der Verwendung von sogenannten TANs beim Online-Banking. Wird eine solche Nummer einmal verwendet, ist das Datum damit wertlos.

widerspiegelt, die der Käufer dem Gut beimisst. Daten können demgegenüber oft, manchmal gar beliebig oft verwendet werden, so dass es wohlfahrtsmaximal ist, wenn jeder, der eine positive Zahlungsbereitschaft für eine Datensammlung hat, auch Zugang zu dieser Datensammlung erwerben kann. Dies kann im Normalfall auch bei privater Bereitstellung gewährleistet werden.

Anders sieht es jedoch aus, wenn mit Daten Produkte und Dienstleistungen bereitgestellt werden können, deren Wert den privaten Nutzen des Datenkäufers übersteigt, also positive externe Effekte vorliegen (vgl. OECD, 2015). In diesem Fall kann die öffentliche Bereitstellung von Daten, die auch mit dem Begriff Open Data bezeichnet wird, wohlfahrtsmaximal sein. Denn liegt der Preis für den Zugriff auf eine Datensammlung zwischen dem privaten Nutzen (bzw. der Zahlungsbereitschaft) des Käufers und dem Gesamtnutzen, der durch die Datenverwendung des Käufers generiert wird, so käme die Transaktion nicht zustande, obwohl sie wohlfahrtsfördernd wäre. In einer statischen wohlfahrtsökonomischen Betrachtung erscheint es hier sinnvoll, existente Datensammlungen einer möglichst breiten Verwendung zuzuführen, d.h. auf eine Veröffentlichung hinzuwirken. Ein Zwang zur Veröffentlichung würde jedoch den Anreiz für private Akteure verringern, Datensammlungen anzulegen. In den Fällen, in denen externe Effekte eine wohlfahrtsmaximale Nutzung von Daten bei privater Bereitstellung verhindern, könnten jedoch Wohlfahrtsgewinne dadurch realisiert werden, dass der Zugriff auf Datensammlungen staatlich subventioniert wird.

Übersteigen die Kosten der Erhebung von Daten die Summe ihres privaten Nutzens, so würden diese privatwirtschaftlich gar nicht erst erhoben werden. Liegen (positive) externe Effekte vor, d.h. Daten stiften einen sozialen Nutzen über den privaten hinaus, kann hier die Datenerhebung von öffentlicher Seite und die Bereitstellung als öffentliches Gut gerechtfertigt sein.

Fallen Daten ohnehin in der öffentlichen Verwaltung an, so spricht vieles für deren Veröffentlichung. Diese steht in der Regel nicht mit privaten Unternehmen in Konkurrenz, so dass eine freie Veröffentlichung („Open Data") nicht zu einem Anreizproblem führen würde. Gleichzeitig könnte etwa die Wissenschaft, aber auch private Unternehmen, stark von entsprechenden Informationen profitieren. Aus Informationen aus z.B. der öffentlichen Verwaltung, dem Justiz- oder Gesundheitswesen können wissenschaftliche Erkenntnisse gewonnen werden, die gesamtgesellschaftlichen Nutzen stiften. So werden bereits heute Daten von Vermessungsämtern bereitgestellt, die in Kartendienste integriert werden können, mit Daten aus Krankenhäusern werden gesundheitspolitische Maßnahmen evaluiert und Daten aus Polizeibehörden in der kriminalistischen Forschung verwandt. Diese Möglichkeiten potenzieren sich im Zeitalter von Big Data, da einerseits mit der Digitalisierung von Verwaltungsprozessen die anfallenden Datenmengen größer und detaillierter werden und andererseits Big-Data Analyseinstrumente die Verknüpfung und gemeinsame Auswertung vorher getrennter Datensammlungen ermöglichen.

Eine weitere Eigenschaft von Daten als ökonomisches Gut ist dessen ausgeprägte Heterogenität. Die Information über das Einkommen einer Person ist nicht direkt mit der Information über den Wohnort zu substituieren. Und selbst Daten über das Konsumverhalten der Vergangenheit sind nicht unbedingt substituierbar mit den Informationen über den aktuellen Konsum. Ein einheitlicher Produktmarkt für Daten kann deshalb nicht existieren.

3.   Big Data im Spannungsfeld von Effizienz, Datenschutz und Wettbewerb

Grundsätzlich lassen sich sowohl mögliche positive als auch potenziell negative Effekte großer Datenmengen identifizieren. Die positiven Effekte zeigen sich vor allem durch eine Steigerung der Effizienz (McAfee & Brynjolfsson, 2012; OECD, 2015). Wie das Beispiel der Suchmaschine zeigt, können Informationen (i) über die Nutzer helfen, Dienstleistungen und Produkte zu verbessern. Es können beispielsweise Informationen über das vergangene Suchverhalten die Suchergebnisse deutlich verbessern, wenn aus den zurückliegenden Anfragen, auf zukünftige Suchen geschlossen werden kann. Die Suchmaschine lernt dann über die Zeit, was Nutzer als Ergebnis präferieren. Weiterhin können bessere Informationen über die Präferenzen der Nutzer (ii) auch die Erstellung neuer Produkte erleichtern und diese besser an den Präferenzen ausrichten lassen. Ebenso können Daten eine (iii) zielgerichtete Werbung erlauben und damit Effizienz- sowie Transaktionskostenvorteile mit sich bringen. Eine zielgenauere Werbung führt zu geringeren Reibungsverlusten und damit zu geringeren Kosten. Ebenso kann dadurch die Streuung der Werbung verringert werden, was auch zu Transaktionskostenvorteilen führt.

Ist das Nachfrageverhalten der Konsumenten bekannt, lassen sich darüber hinaus (iv) Nachfrageschätzungen durchführen, die eine effizientere Preissetzung erlauben. Dies ist vor allem dann ein Vorteil, wenn starker Wettbewerbsdruck herrscht. Bei Vorliegen von Marktmacht kann jedoch ebenso ein negativer Effekt entstehen, wenn zum Beispiel Preise bei Marktmacht genauer bestimmt werden können. Weitere Effizienzvorteile betreffen unter anderem die (v) Minimierung von Ausfallrisiken oder (vi) die Vorhersage von Staus.

Mit Big-Data-Analysemethoden können zur Verwirklichung dieser Ziele auch unstrukturierte Daten (wie z.B. Text in natürlicher Sprache) herangezogen werden, die einen noch tieferen Einblick als zuvor in das Nutzungsverhalten von Konsumenten erlaubt. Ein Anwendungsbeispiel hierfür sind webefinanzierte E-Mail-Dienste wie Gmail, die zur zielgenaueren Einblendungen von Anzeigen Inhalte von Mails scannt und auswertet (Gibbs, 2014). Bei E-Mails handelt es sich um sogenannte semistrukturierte Daten, da sie zwar in einer gewissen Struktur (Absender, Empfänger, Betreff, Inhalt) vorliegen, der Text als wesentlicher Mailinhalt jedoch unstrukturiert ist. Da nach Schätzungen bis zu 90% aller Informationen in unstrukturierter Form vorliegen, ergeben sich aus deren Erschließung erhebliche Analyse- und Effizienzpotenziale (vgl. Gantz & Reinsel, 2011).

Generell lassen sich also effizienzsteigernde Wirkungen darauf zurückführen, dass (zweiseitige) Plattformen Daten als Zahlungsmittel akzeptieren und die so gewonnenen Daten in andere (Big Data-) Anwendungen überführen um bestehende Dienste zu verbessern und neue effizient zu entwickeln.

Mögliche negative Wirkungen betreffen vor allem zwei Bereiche. Zum einen können datenschutzrechtliche bzw. Privacy-Probleme vorliegen. In diesem Fall stellt sich zum einen die Frage, ob und inwiefern das Datenschutzrecht angepasst werden muss, um diese Probleme zu minimieren oder zu beheben.

Datenschutz kann aber ebenso indirekt Einfluss auf Wettbewerbsprozesse nehmen und dabei positive wie negative Auswirkungen haben. Ein zu restriktiver Datenschutz kann womöglich zu einer Einschränkung des Wettbewerbs führen, wenn dadurch etwa Marktzutrittsbarrieren entstehen. Auch die im Datenschutz möglicherweise vorgesehenen Verwendungsbeschränkungen von Daten sind nicht unerheblich für den Wettbewerb zwischen Unternehmen.

Neben den Privacy-Problemen könnten auch direkt Wettbewerbsprobleme durch Big Data entstehen. Grundsätzlich kommen hier verschiedene Aspekte infrage. Daten können möglicherweise die Marktmacht eines Unternehmens erhöhen und damit relevant bei Unternehmenszusammenschlüssen sein. Ebenso kann ein Missbrauch einer Marktbeherrschung mit Big Data in Verbindung stehen. Auch ist oftmals davon die Rede, dass Daten die Errichtung von Marktzutrittsbarrieren erlauben bzw. direkt zur Folge haben.

Im Folgenden werden wir uns beiden Bereichen zuwenden. Dazu werden wir zunächst die Frage adressieren, inwiefern der Datenschutz betroffen sein kann. Der Fokus liegt dabei jedoch auf den Effekten, die indirekt auch eine wettbewerbliche Relevanz haben. Anschließend widmen wir uns den direkten Wettbewerbseffekten.

3.1 Datenschutzprobleme aufgrund von Big Data

3.1.1 Markteffizienz im Kontext persönlicher Daten

Die ökonomische Betrachtung des Datenschutzes begann in den siebziger und frühen achtziger Jahren mit den Analysen der Chicago School (Posner, 1978,

1981; Stigler, 1980). Informationen (also ebenso Daten) dienen demnach dem Abbau von Informationsasymmetrien und sind damit positiv zu bewerten. Je mehr Informationen der Markt besitzt, desto effizienter ist das entsprechende Marktergebnis (vgl. Posner, 1981). Ein Datenschutz, der den Austausch von Informationen verhindert oder erschwert, ist damit nachteilig, weil ein ineffizientes Ergebnis resultiert (vgl. Stigler, 1980). Die Sichtweise der Chicago School ist damit relativ eindeutig. Allerdings finden sich auch differenziertere Resultate. So findet Hirshleifer (1980), dass auch Überinvestitionen in die Informationsbeschaffung vorliegen können. Dies wäre zum Beispiel der Fall, wenn der private Wert einer Information den öffentlichen Wert übersteigt, jedoch „zu viel" in die Informationsbeschaffung für die Öffentlichkeit investiert wird. Analog dazu können die Kosten der Informationsweitergabe den entsprechenden Nutzen übersteigen (vgl. Daughety & Reinganum, 2010). Wird etwa die Suchterkrankung eines Arbeitnehmers öffentlich bekannt, so kann dies in der Summe mehr Nach- als Vorteile mit sich bringen.

3.1.2 Privacy und Internetdienste - Marktlösungen

Mit dem Internetboom, Ende der 1990er Jahre, entstanden weitere Analysen, die sich mit der Bereitstellung von Daten beschäftigt haben und sich vor allem auf Internetdienste fokussierten. Auch hier wurde die effizienzsteigernde Wirkung der Informationssammlung und -weitergabe erkannt. Gleichzeitig wurde aber ebenso auf mögliche Probleme wie Spam oder vollkommener Preisdiskriminierung verwiesen (vgl. Odlyzko, 2004; Varian, 1997).

Viele dieser Probleme entstehen vor allem dann, wenn Rechte an den Daten nicht ausreichend definiert sind. Eine klare Definition von Verfügungsrechten kann solche Probleme dagegen oftmals verhindern. In einem funktionsfähigen Markt könnten die Rechte veräußert werden, wenn sie klar definiert sind (Laudon, 1997). Dabei ist gemäß des Coase-Theorems (Coase, 1960) irrelevant wer diese Rechte besitzt, solange Transaktionskosten vernachlässigbar sind. Noam (1997) zeigt, dass dieses Ergebnis auch für Daten Anwendung findet.

Allerdings bringt das Handeln der Verfügungsrechte einige Probleme mit sich, sodass eine Marktlösung nicht immer ohne Einschränkungen möglich ist. Ein „zu viel" an Datenschutz kann dazu führen, dass einige der Geschäftsmodelle nicht mehr praktikabel sind, da sie genau darauf aufgebaut sind, dass der Datenschutz unzureichend definiert ist. Weiterhin muss die mögliche zukünftige Nutzung der Daten eingepreist werden, soll ein effizienter Marktpreis entstehen. Dazu muss aber klar sein, wie die Daten in Zukunft verwendet werden können oder auch in welcher Weise sie weitergegeben werden können (vgl. Evans,

16

2009). Um das Problem der zukünftigen Nutzung zu verringern, könnte jedoch beispielsweise die zeitliche Nutzung der Daten eingeschränkt werden, um damit Unsicherheit zu reduzieren. Die Problematik der unsicheren Weitergabe kann durch Untersagung einer solchen oder durch hohe Transparenzvorschriften gelöst werden. Generell ist die Bestimmung des Marktpreises bei asymmetrischen Informationen problematisch. Ein Abbau der Informationsasymmetrien kann hier aber Abhilfe schaffen.

Ebenso ist die Feststellung des adäquaten Marktpreises bei fehlendem Wettbewerb hier von Bedeutung. Online-Plattformen sind oftmals einem enormen Wettbewerbsdruck ausgesetzt. Andere Anbieter wiederum können jedoch durchaus nicht unerhebliche Marktmacht auf sich vereinen. Treten marktmächtige Plattformen als Nachfrager von Daten (als Bezahlung für ihre Dienste auf) auf, so kann dies in einem ineffizienten, weil zu geringen Preis, resultieren.

Ein Gegenargument zum ineffizienten Preis findet sich jedoch in der Eigenschaft der Online-Dienste als zweiseitige Plattformen (Dewenter & Rösch, 2015). Wettbewerb zwischen den Plattformen könnte vielmehr den Anreiz schwächen, Privacy bereitzustellen und die Daten der Nutzer zu schützen. Eine monopolistische Plattform könnte dagegen den deutlich größeren Anreiz haben, den Datenschutz zu erhöhen. Die Begründung dafür liegt in der Existenz der indirekten Netzeffekte. Eine monopolistische Plattform ist typischerweise in der Lage, die Netzeffekte besser zu internalisieren und damit ein effizienteres Ergebnis zu erzielen. Die Gesamtwohlfahrt könnte also unter Umständen größer sein als wenn mehrere Plattformen konkurrieren würden (vgl. Rochet & Tirole, 2003, zu Zahlungssystemen). Die monopolistische Plattform hat dann aber möglicherweise einen größeren Anreiz diese Position zu erlangen bzw. zu erhalten und die Daten zu sichern.

3.1.3 Privacy und perfekte Preisdiskriminierung

Die Informationsbeschaffung anhand von Big Data kann ebenso dazu genutzt werden, perfekte Preisdiskriminierung zu betreiben. Vor allem Trackingdaten sind geeignet, das Konsumverhalten zu analysieren und die Zahlungsbereitschaft zu bestimmen. Gleichzeitig können aber Trackingdaten verwendet werden, um Dienste und Produkte zu verbessern und nach den Präferenzen der Nutzer auszurichten (Acquisti & Varian, 2005; Taylor, 2004). Eine perfekte Preisdiskriminierung setzt allerdings voraus, dass Marktmacht bei den entsprechenden Produkten vorhanden ist, um die Diskriminierung auch durchzusetzen. Ansonsten könnten Preissuchmaschinen genutzt werden, um günstigere Angebote zu finden.[2]

Eine weitere Lösung, Diskriminierung zu verhindern, besteht darin, Transparenz über das Tracking zu schaffen und zudem eine Möglichkeit zu schaffen, es zu verhindern. Tracking wäre dann effizient und die Plattformen hätten einen Anreiz zur Schaffung von Privacy (Acquisti, Taylor and Wegman, 2016). Opt-in und Opt-out-Modelle können geeignet sein, genauso eine effiziente Situation herbeizuführen und effizienzsteigernd wirken (vgl. Conitzer, Taylor, & Wagman, 2012). Opt-in-Modelle sind hierbei zwar effektiver, können aber auch zu mehr Marktmacht führen, wenn es dadurch zu einem Lock-in kommt, die Wechselkosten der Nutzer also zu stark ansteigen (Campbell, Goldfarb, & Tucker, 2015). Ein Opt-out-Modell wäre dann zu bevorzugen.

Opt-out-Modelle haben sich mittlerweile etabliert und sind für viele Internetdienste verfügbar. So können sich Nutzer von Googles Diensten beispielsweise vom Tracking ausnehmen lassen. Dazu wird auf dem Rechner des Nutzers ein Internet-Cookie hinterlegt, indem die Präferenz des Nutzers gespeichert ist. (Google, 2016b) Auch Nutzer, die Googles Dienste nicht (bewusst) nutzen, können sich vom Tracking auf Drittanbieterseiten per Google Analytics bzw. Google AdSense per Opt-out-Modell ausschließen lassen (Google, 2016a). Dabei ist jedoch zu beachten, dass diese Einstellungen für jedes einzelne Gerät und jeden einzelnen Browser erneut vorgenommen werden müssen und darüber hinaus in der Regel nicht dauerhaft sind. Da die Teilnahme am Opt-out-Modell in einem Cookie festgehalten wird, verursacht ein Nutzer mit der Löschung des Cookie-Speichers seines Browsers, d.h. mit einer originär datenschutzfreundlichen Handlung, auch die Löschung seiner Opt-Out-Entscheidungen. Auf Smartphones werden darüber hinaus außer Cookies eindeutige Identifikationsnummern verwandt um Nutzer im Internet verfolgen zu können. Auch hier werden von den Smartphone-Herstellern Opt-out Modelle angeboten, mit denen das Auslesen der IDs verhindert werden kann.

Eine weichere Form des Trackings, mit der Preisdiskriminierung betrieben wird, ist die Verwendung von Referral-Links. Mit diesen kann bestimmt werden, über welchen Weg ein Nutzer auf eine Internetseite gelangt ist. Anbieter von Internetshops ziehen diese Information heran um die Zahlungsbereitschaft Ihrer Kunden zu ermitteln. So werden etwa Kunden, die einen Onlineshop über eine

---

2   Interessant ist die Möglichkeit der Preisdiskriminierung damit nicht nur bei online Plattformen, sondern ebenso in anderen Märkten. Supermärkte sind z.B. anhand der Scannerdaten und Bonuskarten in der Lage, gemäß der Zahlungsbereitschaft ihrer Kunden zu bepreisen. Während im Internet oftmals eine hohe Wettbewerbsintensität existiert, ist dies beim stationären Handel nicht immer gegeben.

Preissuchmaschine erreichen, häufig günstigere Preise angezeigt als Kunden, die diesen per URL-Eingabe aufrufen.

3.1.4 Privacy und Targeted Advertising

Eine individuelle und zielgerichtete Werbung führt in der Regel zu einem effizienteren Ergebnis und ebenso zu einer Senkung von Transaktionskosten. Die Transaktionskostenreduktion führt wiederum zu einer Intensivierung des Preiswettbewerbs (de Cornière, 2013).

Dennoch können unter Umständen verschiedene Ineffizienzen auftreten: Der Werbepreis kann möglicherweise ineffizient hoch sein, wenn das Verhältnis der indirekten Netzeffekte zu einem entsprechend hohen Werbepreis führen. Profitieren Werbekunden deutlich stärker von den Nutzern, als umgekehrt Nutzer von der Werbung, ist nicht nur von einem Nullpreis für Inhalte auszugehen sondern ebenso von einem besonders hohen Werbepreis (vgl. Bergemann & Bonatti, 2013). Umgekehrt kann es ebenso zu einer ineffizient hohen Werbemenge für Konsumenten kommen. Auch Spam kann eine Folge der Zweiseitigkeit der Märkte sein (vgl. Anderson & de Palma, 2012). Ein Opt-out würde auch hier dazu führen, dass weniger Nutzer Werbung konsumieren würden und damit die Netzeffekte und damit die Ineffizienzen verringern.

Generell lässt sich festhalten, dass Datenschutzprobleme auf verschiedene Weisen verringert werden können. Zum einen erfordert eine Marktlösung eine genaue Definition von Verfügungsrechten an Daten. Darüber hinaus ist aber auch der Abbau von Informationsasymmetrien sowie die Schaffung von Opt-in und Opt-out-Lösungen notwendig. Auch Technologien, die Privacy herstellen, könnten zu einer Lösung beitragen.

3.2 Wettbewerbsprobleme durch Big Data

Im Folgenden widmen wir uns den meistgenannten potenziellen Problemen, die mit Big Data in Verbindung gebracht werden. Dies ist zum einen die Frage, inwiefern große Datenmengen als Marktzutrittsbarrieren fungieren oder solche hervorrufen können. Zum anderen diskutieren wir, inwiefern bei Unternehmenszusammenschlüssen Marktmacht durch Daten entstehen kann.

3.2.1 Big Data als Marktzutrittsbarriere

Wie bereits dargestellt, sind Daten in der digitalen Ökonomie ein wichtiger Input für Online-Angebote bzw. Dienstleistungen. Unabhängig davon, ob eine zielgerichtete Werbung erstellt, neue Angebote entwickelt oder bestehende Angebote verbessert werden sollen. In jedem Fall können Effizienzvorteile genutzt werden, die ohne diese Daten jedoch nicht realisierbar wären. Ebenso ist aber Marktzutritt nicht möglich, sollten die notwendigen Daten nicht beschafft werden können.

Auf der anderen Seite haben Daten jedoch einige Eigenschaften, die das Ganze wieder ein wenig relativieren. So sind Daten, auch Big Data, relativ einfach zu generieren oder auch zu erwerben. Da die Eigenschaft der Nicht-Rivalität vorliegt, besteht in der Regel auch keine Exklusivität.

Darüber hinaus sind viele Daten von begrenzter zeitlicher Relevanz. Historische Daten über das Such- und Konsumverhalten oder über die Zahlungsbereitschaft der Nutzer, sind oftmals wertlos. Ein Werbekunde zum Beispiel hat in aller Regel keine Verwendung für die entsprechenden Informationen. Bei der Online-Suche etwa, ist der aktuelle Suchbegriff ausschlaggebend für die in diesem Zusammenhang geschaltete Werbung. Schon der Suchbegriff der letzten Suche, ist für die aktuelle Suche und damit verbundene Werbung nicht mehr brauchbar.

Ebenso ist davon auszugehen, dass der marginale Nutzen auch mit dem Ausmaß an Informationen abnimmt. Zwar könnte durchaus ein positiver Grenznutzen vorhanden sein, jedoch nimmt dieser vermutlich ab oder wird ab einer bestimmten Menge gar negativ. Es stellt sich daher die Frage, wie relevant dieses Problem ist und ob Handlungsbedarf besteht.

Skalenerträge durch Daten

Grundsätzlich lassen sich verschiedene Gründe finden, warum Daten zu einer Marktzutrittsbarriere werden können. Big Data können zum einen helfen, ein Diensteangebot zu verbessern. Je mehr Informationen über die Nutzer, resp. je mehr Nutzer vorhanden sind, die diese Dienste nutzen, desto mehr Dateninput bekommt die Plattform und desto schneller und genauer können die Angebote erweitert werden. Es entsteht dann möglicherweise eine „positive feedback loop" (Lerner, 2014). Diese ist gegeben, wenn die Sammlung und Nutzung von Daten zu erheblichen Verbesserungen des Dienstes führt und dadurch noch mehr Nutzer angezogen werden können, die wiederum noch mehr Daten hinterlassen, die zur weiteren Verbesserung des Dienstes genutzt werden kann. In diesem Fall würde Big Data zu einem sich selbst verstärkenden Prozess führen, der eine höhere Marktkonzentration nach sich zöge. Eine „positive feedback loop" könnte auf dem Suchmaschinenmarkt gegeben sein und dessen hohe Konzentration erklären. Wenn Big Data hier für die Auslieferung von qualitativ hochwertigen Ergebnissen erforderlich wäre und ein Mehr an Daten immer weitere Qualitätsverbesserungen erlauben würde, könnte sich daraus eine Marktzutrittsbarriere für potentielle Konkurrenten manifestieren (vgl. Mahnke, 2015). Werden persönliche Informationen genutzt, um die Qualität zu erhöhen, kann es aber auch zu einem Lock-in der Nutzer kommen, wenn die Wechselkosten dadurch stark ansteigen (vgl. Shapiro & Varian, 2013).

Auch die Erstellung neuer Produkte ist einfacher, wenn möglichst viele Informationen über die Endkunden vorliegen. Insbesondere Informationen über die entsprechenden Präferenzen sind hier hilfreich. Daten über Nutzer von Navigationsapps, die einer Plattform ihren Standort mitteilen, können z.B. helfen, Stauvorhersagen zu generieren. In der Unterhaltungsindustrie werden bereits Inhalte auf Grundlage von Big Data-Auswertungen produziert, so etwa bei Netflix' Eigenproduktion „House of Cards", deren Erfolgswahrscheinlichkeit durch die Analyse der Sehpräferenzen der Netflix-Nutzer berechnet wurde (Carr, 2013).

Voraussetzung solcher Effekte ist, dass eine größere Datenmenge zu einem größeren Nutzen aus den Daten führt, d.h. der Grenzertrag der Daten positiv ist bzw. die Kosten mit dem Datenumfang sinken. In diesem Fall würden „Economies of Scale der Informationen" oder auch „Skalenerträge der Daten" vorliegen. Es erscheint nachvollziehbar, dass positive Skalenerträge vorliegen, große Datenmengen also Vorteile gegenüber kleinere Mengen verschafft. Ebenso scheint es aber auch realistisch, dass dieser Effekt mit der Menge an genutzten Daten abnimmt und unter Umständen auch negativ werden kann. Wie stark die Grenzerträge abnehmen, ist dabei jedoch vom Einzelfall abhängig und kann – wenn überhaupt – nur branchen- bzw. produktspezifisch beantwortet werden. So zeigen Banko & Brill (2001), dass die Skaleneffekte beim maschinellen Verständnis von natürlicher Sprache auch bei hohen Datenvolumina noch stark ausgeprägt sind. Generell lässt sich für viele Anwendungsfälle aus der Internetwirtschaft feststellen, dass die Vorhersagekraft von Algorithmen auch bei sehr großen Datenmengen noch von einer Zunahme der Datenmenge profitiert. Die Annahme von abnehmenden Skalenerträgen wird dabei jedoch ebenfalls bestätigt (vgl. Junqué de Fortuny, Martens, & Provost, 2013). Amatriain (2014) argumentiert demgegenüber, dass in manchen Anwendungsfällen ein Mehr an Daten keinen positiven Effekt auf die Qualität der Auswertung hat und belegt dies am Beispiel eines Algorithmus, der bei Netflix in Verwendung ist.

Analog zu Skalenerträgen in der Produktion könnte also eine mindestoptimale Datenmenge vorhanden sein, die benötigt wird, um einen bestimmten Dienst effizient zu erstellen. Kritisch ist dann, wann genau dieser Punkt erreicht ist. Wer-

21

den zum Beispiel für die Erstellung eines Dienstes nur wenige tausend Datensätze benötigt, ist eine Erstellung dieses Dienstes problemlos möglich, werden jedoch mehrere hunderttausend Datensätze benötigt, ist es womöglich schwieriger ein Angebot zu erstellen, die Marktzutrittsbarrieren sind entsprechend höher.

Ein praktisches Beispiel ist die Erstellung einer Stauvorhersage. Stützt eine Plattform die Informationen z.B. der Nutzer einer Navigationsapp, um eine Stauvorhersage zu realisieren, so sind vermutlich mehr als nur ein paar Hundert Datensätze, also Nutzer der Apps, notwendig, um Staus in einer durchschnittlichen Stadt vorherzusagen, in einer Großstadt sind dagegen deutlich mehr Informationen vonnöten. Ist die Mindestgröße an Datensätzen jedoch einmal erreicht, die zur einigermaßen treffsicheren Erstellung benötigt wird, ist der zusätzliche Nutzen eines weiteren Datensatzes eher gering. Je mehr Informationen hinzukommen, desto geringer wird auch der dadurch induzierte Nutzenzuwachs sein. Ebenso ist vorstellbar, dass ab einer bestimmten Anzahl an Daten, kein Nutzenzuwachs mehr realisiert wird. Ein größerer Datenumfang könnte sich dann sogar negativ auswirken, wenn dies die Datenverarbeitung erschwert.

Eine wichtige Voraussetzung für die Relevanz von Skalenerträgen der Daten ist also eine bestimmte Stärke dieses Effekts sowie die Existenz und Lage einer mindestoptimalen Datenmenge. Die einfache Tatsache, dass Skalenerträge vorliegen ist noch keine hinreichende Bedingung für die Existenz von Marktzutrittsbarrieren. Darüber hinaus wird oftmals vergessen, dass Daten allein noch keine Lösung herbeiführen, es muss zusätzlich die notwendige Technologie und das entsprechende Know-How vorhanden sein, diese auch effizient einsetzen zu können (vgl. Tucker & Wellford, 2014).

Daten als Essential Facility?

Eine weitere Begründung für Marktzutrittsbarrieren wäre vorhanden, wenn Big Data als Essential Facility dienen könnte. Damit Daten essentiell sein können, um in einen Markt einzutreten, kommen grundsätzlich zwei Möglichkeiten in Betracht. Die erste Möglichkeit besteht darin, dass Skalenerträge so stark sind, dass die mindestoptimale Datenmenge nur von sehr großen Plattformen erreicht werden kann. In dem Fall würde quasi ein natürliches Monopol auf Datenbasis vorliegen. Ob allerdings ein solches natürliches Monopol erreicht werden kann, ist fraglich. Daten sind in der Regel nicht-rival und oft leicht zu generieren oder zu beschaffen. Die Existenz einer Essential Facility aus diesem Grund erscheint also zumindest fraglich und muss immer im Einzelfall beleuchtet werden.

Die zweite Möglichkeit besteht darin, dass Daten exklusiv nur einer Plattform zur Verfügung stehen und kein Konkurrent diese oder ähnliche Daten erlangen kann. Auch in diesem Fall ist unklar, inwiefern eine solche Situation überhaupt eintreten kann. Informationen, die unerlässlich für die Erstellung eines Dienstes sind und gleichzeitig exklusiv zur Verfügung stehen, ist unter dem Gesichtspunkt der Nicht-Rivalität und dem typischerweise großen Datenangebot zumindest diskutabel.

Insgesamt ist die Bewertung der Skalenerträge und der daraus möglicherweise entstehenden Zutrittsbarriere eine empirische Frage. An dieser Stelle sind auch Softwareingenieure gefragt, um die Wirkungsweise der Prozesse zu erläutern. In jedem Fall existieren aber relativierende Faktoren, die einem Aufbau von Marktzutrittsbarrieren entgegenwirken. So lassen sich durch die Aufnahme von Opt-in- und Opt-out-Lösungen Wechselkosten senken und damit den Zutritt neuer Anbieter erleichtern. Auch bietet die Datenportabilität (vgl. Geradin & Kuschewsky, 2013) eine Möglichkeit des Abbaus solcher Schranken. Die Datenportabilität ist im Übrigen bereits im Entwurf der Datenschutzgrundverordnung verankert. Auch bieten einige Unternehmen jetzt schon die Möglichkeit an, Daten zu portieren, wie das Beispiel „Google Takeout" zeigt.

3.2.2 Big Data und Unternehmenszusammenschlüsse

Ein weiteres oft genanntes Beispiel für mögliche Wettbewerbsbeschränkungen durch Big Data, liegt in den Zusammenschlüssen von Plattformen, die dadurch Marktmacht erlangen können, indem sie ihre Daten zusammenlegen. Es stellt sich hier also die Frage, ob und inwiefern Zusammenschlüsse anders bewertet werden müssen, wenn große Datenmengen betroffen sind, als andere Zusammenschlüsse.

Voraussetzung dafür, dass Wettbewerbsprobleme entstehen könnten, ist zum einen, dass Marktmacht (oder Datenmacht) in den bestehenden Märkten entstehen oder verstärkt werden kann. Zum anderen wäre es denkbar, dass Marktmacht in neuen oder bisher nicht betroffenen Märkten durch die Zusammenlegung geschaffen wird.

Prominente Fälle wie Google/DoubleClick oder Facebook/Whatsapp deuten bisher nicht darauf hin, dass eine Fusion in digitalen Märkten auf andere Weise geprüft werden muss als in der analogen Welt. So verneinte die FTC (2007) bei ihrem Statement zu Googles Übernahme von Doubleclick, dass die Daten in Händen Googles ein „essential input" darstellen würden und Googles Wettbewerber über ihre (ebenfalls vertikal integrierten) Dienste nicht auch vergleichbare Datensammlungen generieren könnten und dies auch bereits tun würden. Bei der Übernahme von Whatsapp durch Facebook stellte die Europäische Kommission fest, dass auch hier keine Datenkonzentration entstehen würde, die Wettbewerbern auf dem Markt für soziale Netzwerke behindern würde (EC, 2014). In beiden Fällen wurde also keine Marktmacht durch Daten attestiert. Ein aktueller Fall, das geplante Gemeinschaftsunternehmen vom Ringier Verlag, der Swisscom und der Schweizer Radio Gesellschaft (SRG), bietet hierbei ebenfalls einen interessanten Ansatzpunkt. Zwar konnte die Schweizer Wettbewerbsbehörde WEKO keinen Zuwachs von Marktmacht erkennen, jedoch stellt sich die Frage, inwiefern der Datenschutz hier betroffen ist, da eine Zustimmung der Swisscom-Kunden zur weiteren Verwendung ihrer Daten womöglich nicht vorliegt.[3]

Ob und inwiefern eine Fusion von datenintensiven Plattformen also anders zu bewerten ist, ist noch nicht abschließend geklärt. Auf der anderen Seite besteht aber auch kein Grund in diesem Bereich dringend tätig zu werden, da eine Prüfung der Entstehung oder Verstärkung von Marktmacht durch Big Data schon jetzt möglich ist. Daten können ebenso wie der Zugang zu anderen Ressourcen auch, bei der Beurteilung der Zusammenschlüsse herangezogen werden, sodass eine Änderung des Wettbewerbsrechts zunächst nicht erforderlich erscheint.

Die Existenz von Skalenerträgen wäre dabei eher kritisch zu beurteilen, sollten diese stark genug sein. Liegen dagegen verfügbare oder leicht generierbare Daten vor, erscheint dies weniger problematisch. Sind Geschäftsmodelle jedoch sehr stark datengetrieben und ist die Datengewinnung für einen Markteintritt mit erheblichen Kosten verbunden, kann möglicherweise eine genauere Analyse geboten sein. So verhinderte die FTC im Falle der beiden Unternehmen *EagleView Technology Corporation* und *Verisk*, die anhand von Luftbildern Versicherungsrisiken berechnen, eine Fusion, da sie diese als hinderlich für einen funktionierenden Wettbewerb einschätzte (Feinstein, 2015). Letztendlich geht es auch dabei um die Frage, ob durch einen Zusammenschluss Markt- oder Datenmacht entsteht. Ein weiterer Effekt eines Zusammenschlusses könnte möglicherweise darin liegen, Datenschutzbestimmungen zu umgehen. Dies wäre dann der Fall, wenn durch eine Unternehmensfusion vormals getrennte Datenbanken mit personenbezogenen Daten zusammengeführt werden, die eine datenschutzwidrige Verknüpfung oder Zweckentfremdung von Daten darstellen würde. Hier erscheint jedoch das Datenschutzrecht als das geeignetere Instrument um solche Verletzungen der Privatsphäre zu unterbinden.

---

3   Ebenso ist problematisch, dass es sich sowohl bei der SRG als auch bei der Swisscom um öffentliche Unternehmen bzw. um (im Fall der SRG) um ein privatwirtschaftliches Unternehmen mit öffentlichem Auftrag handelt. Da im Werbemarkt kein Marktversagen vorliegt, ist nicht ersichtlich, dass diese Unternehmen hier tätig werden und in den Marktprozess eingreifen.

4. Fazit

Viele Geschäftsmodelle der digitalen Ökonomie sind darauf aufgebaut, große Datenmengen zu sammeln oder zu generieren und diese Informationen auf verschiedene Weisen zu nutzen und zu monetarisieren. Der Zugang zu den meisten Plattformen ist für den Nutzer scheinbar kostenlos, zumindest jedoch wird kein monetärer Preis für die Nutzung der Dienste erhoben. Nutzer zahlen dennoch einen hedonischen Preis in Form von Aufmerksamkeit für Werbung und mit der Bereitstellung von Informationen. Daten werden damit zu einem Zahlungsmittel bzw. zu einer Art Währung im Internet.

Der Vorteil dieser Modelle liegt auf der Hand: Big Data erhöht die Effizienz, sei es durch die Schaffung zielgerichteter Werbung, die zu Senkung von Transaktionskosten führt oder aber durch die Entwicklung neuer und verbesserter Produkte und Dienste. In jedem Fall kommt es zu einem Anstieg der Gesamtwohlfahrt und in der Regel zu einer Ausweitung der Konsumentenrente.

Neben den positiven Effekten ist aber auch eine Reihe von negativen Auswirkungen möglich. Es stellt sich zum Beispiel die Frage, inwiefern Datenschutzprobleme entstehen und inwiefern das Datenschutzrecht dementsprechend angepasst werden muss. Defekte können vor allem dadurch auftreten, dass Verfügungsrechte nicht eindeutig definiert sind. Das Datenschutzrecht stellt ein reines Abwehrrecht dar und definiert nicht das Eigentum an den Daten. Dies erschien bisher als sinnvoll, jedoch gewinnen die Daten der einzelnen Nutzer durch die neuartigen Geschäftsmodelle an Wert und stellen einen nicht zu unterschätzenden Inputfaktor dar. Das Datenschutzrecht hat dies nicht vorhergesehen und muss möglicherweise entsprechend angepasst werden. Die grundsätzliche Entscheidung ist also darüber zu fällen, ob Verfügungsrechte definiert werden sollen oder ob ein strenges Datenschutzrecht den Handel und die Verwendung der Daten beschränkt bzw. verhindert.

Der Datenschutz hat darüber hinaus auch indirekte Auswirkungen auf die Wettbewerbsintensität. Ein zu strenger Datenschutz kann zum Beispiel Marktzutrittsschranken aufbauen. Ein zu geringer Datenschutz kann zu Preisdiskriminierung und anderen Problemen führen.

Aus ökonomischer Sicht können effiziente Marktlösungen nur dann entstehen, wenn Rechte klar definiert werden. Informationsasymmetrien müssen abgebaut werden und mehr Transparenz erreicht werden. Dies bedeutet auch die Nutzer auf einfache und verständliche Wiese über die Nutzung der Daten aufzuklären. Ebenso erscheint es sinnvoll, den Nutzern die Wahlmöglichkeit zu geben, Daten zur Verfügung zu stellen bzw. den Nutzungsumfang zu begrenzen. Opt-in- und Opt-out-Lösungen, wie sie auch bereits von einigen Plattformen angeboten werden, sind dazu geeignet. Auch lassen sich Technologien als Opt-out einsetzen, die Anonymität herstellen.

Neben den Datenschutzproblemen können direkt Wettbewerbsprobleme durch Big Data entstehen. Es kann zu einem Zuwachs an Marktmacht kommen und Marktzutrittsbarrieren können aufgebaut werden. Zutrittsbarrieren sind vor allem dann wahrscheinlich, wenn es zu Skalenerträgen von Daten kommt. Noch völlig unklar ist dabei jedoch, inwiefern dies im Einzelfall tatsächlich ein Problem darstellt. Eine empirische Überprüfung ist hier oftmals vonnöten. Die Entstehung von Marktmacht durch Big Data wird insbesondere mit den Zusammenschlüssen von Plattformen diskutiert. Auch in diesem Fall ist noch unklar, ob und inwiefern tatsächlich Marktmacht durch die Fusion entstehen kann. Auch dies ist wiederum eine empirische Frage.

Sowohl bezüglich der Schaffung von Marktzutrittsbarrieren als auch im Hinblick auf die Entstehung von Marktmacht, können ähnliche Maßnahmen zu einer Verbesserung der Situation führen. So wirken die Definition von Verfügungsrechten und der Abbau von Asymmetrien positiv auf den Handel der Daten. Opt-in- und Opt-out-Lösungen wie auch die Datenportabilität senken Wechselkosten und verringern Zutrittsbarrieren. Eine Anpassung des Wettbewerbsrechts erscheint daher zunächst nicht angesagt. Die Entstehung von Marktmacht – sei es direkt durch Daten oder durch den Aufbau von Zutrittsschranken – kann im bestehenden Recht geprüft werden. Der aktuelle Vorschlag, Kaufpreise bei Zusammenschlüssen als Alternative zu Umsatzerlösen zurate zu ziehen, könnte dann sinnvoll sein, wenn es lediglich um die Aufgreifkriterien, nicht aber unbedingt um die Bewertung einer Fusion geht.

Literatur

Acquisti, A., Taylor, C. and L. Wagman (2016). The Economics of Privacy. Journal of Economic Literature, forthcoming.

Acquisti, A., & Varian, H. R. (2005). Conditioning Prices on Purchase History. *Marketing Science, 24*(3), 367–381.

Amatriain, X. (2014). *10 Lessons Learned from Building Machine Learning Systems.* Abgerufen von http://de.slideshare.net/xamat/10-lessons-learned-from-building-machine-learning-systems

Anderson, S. P., & de Palma, A. (2012). Competition for attention in the Information (overload) Age. *The RAND Journal of Economics, 43*(1), 1–25.

Banko, M., & Brill, E. (2001). Scaling to very very large corpora for natural language disambiguation (S. 26–33). Gehalten auf der Association for Computational Linguistics. Conference. Abgerufen von http://cat.inist.fr/?aModele=afficheN&cpsidt=17324704

Bergemann, D., & Bonatti, A. (2013). *Selling Cookies* (SSRN Scholarly Paper No. 1920). Rochester, NY: Social Science Research Network.

Campbell, J., Goldfarb, A., & Tucker, C. (2015). Privacy Regulation and Market Structure. *Journal of Economics & Management Strategy, 24*(1), 47–73.

Carr, D. (2013). For 'House of Cards,' Using Big Data to Guarantee Its Popularity. *The New York Times.* Abgerufen von http://www.nytimes.com/2013/02/25/business/media/for-house-of-cards-using-big-data-to-guarantee-its-popularity.html

Coase, R. H. (1960). The Problem of Social Cost. In C. Gopalakrishnan (Hrsg.), *Classic Papers in Natural Resource Economics* (S. 87–137). Palgrave Macmillan UK.

Conitzer, V., Taylor, C. R., & Wagman, L. (2012). Hide and Seek: Costly Consumer Privacy in a Market with Repeat Purchases. *Marketing Science, 31*(2), 277–292.

Daughety, A. F., & Reinganum, J. F. (2010). Public Goods, Social Pressure, and the Choice Between Privacy and Publicity. *American Economic Journal: Microeconomics, 2*(2), 191–221.

de Cornière, A. (2013). *Search Advertising* (SSRN Scholarly Paper No. ID 1967102). Rochester, NY: Social Science Research Network. Abgerufen von http://papersssrn.com/abstract=1967102

Dewenter, R., & Rösch, J. (2015). *Einführung in die neue Ökonomie der Medienmärkte.* Springer-Verlag.

EC. (2014). Mergers: Commission approves acquisition of WhatsApp by Facebook. Abgerufen von http://europa.eu/rapid/press-release_IP-14-1088_en.htm

Eckersley, P. (2010). How Unique Is Your Web Browser? In M. J. Atallah & N. J. Hopper (Hrsg.), *Privacy Enhancing Technologies* (S. 1–18). Springer Berlin Heidelberg.

Evans, D. S. (2009). The Online Advertising Industry: Economics, Evolution, and Privacy. *Journal of Economic Perspectives, 23*(3), 37–60.

Feinstein, D. (2015). Big Data in a Competition Environment. *Antitrust Chronicle, 5.* Abgerufen von https://ideas.repec.org/a/cpi/atchrn/5.2.2015i=18428.html

FTC. (2007). Statement of Federal Trade Commission ConCerning Google/Doubleclick. *FTC File No. 071-0170.*

Gantz, J., & Reinsel, D. (2011). Extracting value from chaos. *IDC iview, 1142,* 1–12.

Geradin, D., & Kuschewsky, M. (2013). *Competition Law and Personal Data: Preliminary Thoughts on a Complex Issue* (SSRN Scholarly Paper No. ID 2216088). Rochester, NY: Social Science Research Network. Abgerufen von http://papers.ssrn.com/abstract=2216088

Gibbs, S. (2014). Gmail does scan all emails, new Google terms clarify. *The Guardian.* Abgerufen von http://www.theguardian.com/technology/2014/apr/15/gmail-scans-all-emails-new-google-terms-clarify

Google. (2016a). Browser-Add-on zur Deaktivierung von Google Analytics. Abgerufen von https://tools.google.com/dlpage/gaoptout?hl=de

Google. (2016b). Interessenbezogene Werbung deaktivieren. Abgerufen von https://support.google.com/ads/answer/2662922?hl=de

Hirshleifer, J. (1980). Privacy: Its Origin, Function, and Future. *The Journal of Legal Studies, 9*(4), 649–664.

Junqué de Fortuny, E., Martens, D., & Provost, F. (2013). Predictive Modeling With Big Data: Is Bigger Really Better? *Big Data, 1*(4), 215–226.

Laudon, K. (1997). *Extensions to the Theory of Markets and Privacy: Mechanics of Pricing Information* (Working Paper No. 2451/14166). Stern School of Business, New York University. Abgerufen von http://archive.nyu.edu/handle/2451/14166

Lerner, A. V. (2014). *The Role of „Big Data" in Online Platform Competition* (SSRN Scholarly Paper No. ID 2482780). Rochester, NY: Social Science Research Network. Abgerufen von http://papers.ssrn.com/abstract=2482780

Mahnke, R. (2015). Big Data as a Barrier to Entry. *Antitrust Chronicle, 5.* Abgerufen von http://econpapers.repec.org/article/cpiatchrn/5.2.2015_3ai=18431.htm

McAfee, A., & Brynjolfsson, E. (2012). Big data: the management revolution. *Harvard Business Review, 90*(10), 60–6, 68, 128.

Noam, E. M. (1997). Privacy and Self-Regulation: Markets for Electronic Privacy. *Privacy and Self-Regulation in the Information Age,* 21–33.

Odlyzko, A. (2004). Privacy, Economics, and Price Discrimination on the Internet. In L. J. Camp & S. Lewis (Hrsg.), *Economics of Information Security* (S. 187–211). Springer US. Abgerufen von http://link.springer.com/chapter/10.1007/1-4020-8090-5_15

OECD. (2015). *Data-Driven Innovation.* Paris: Organisation for Economic Co-operation and Development. Abgerufen von http://www.oecd-ilibrary.org/content/book/9789264229358-en

Posner, R. A. (1978). The Right of Privacy. *Georgia Law Review, 12*(3), 393–422.

Posner, R. A. (1981). The Economics of Privacy. *The American Economic Review, 71*(2), 405–409.

Rochet, J.-C., & Tirole, J. (2003). Platform Competition in Two-Sided Markets. *Journal of the European Economic Association, 1*(4), 990–1029. http://doi.org/10.1162/154247603322493212

Shapiro, C., & Varian, H. R. (2013). *Information Rules: A Strategic Guide to the Network Economy.* Harvard Business Press.

Stigler, G. J. (1980). An Introduction to Privacy in Economics and Politics. *The Journal of Legal Studies, 9*(4), 623–644.

Taylor, C. R. (2004). Consumer Privacy and the Market for Customer Information. *The RAND Journal of Economics*, *35*(4), 631–650. http://doi.org/10.2307/1593765

Tucker, D. S., & Wellford, H. B. (2014). *Big Mistakes Regarding Big Data* (SSRN Scholarly Paper No. ID 2549044). Rochester, NY: Social Science Research Network. Abgerufen von http://papers.ssrn.com/abstract=2549044

Varian, H. R. (1997). *Versioning Information Goods*. Berkeley: University of California. Abgerufen von https://www-inst.cs.berkeley.edu/~eecsba1/sp97/reports/ eecsba1b/Final/version.pdf

„Industrie 4.0" – Rechtsrahmen für eine Datenwirtschaft im digitalen Binnenmarkt

Herbert Zech[*]

Inhalt

I.   Einleitung   33
  1. Der Aufbau einer Datenwirtschaft als Bestandteil der Strategie
     für einen digitalen Binnenmarkt   33
  2. Technischer Hintergrund   34
  3. Verschiedene rechtliche Aspekte   34
II. Aufbau einer Datenwirtschaft als Aufgabe des Rechts   35
  1. Die Wertschöpfungskette bei Big Data-Sachverhalten: Erzeugung,
     Sammlung und Analyse von Daten   35
  2. Unternehmer und Verbraucher als Teil der Wertschöpfungskette   37
  3. Schaffung und Regulierung von Datenmärkten   38
III. Was bedeutet „Eigentum an Daten" bzw. „Datennutzungsrechte"?   39
  1. Was sind Daten? (Daten als Gegenstand von Rechten)   39
  2. Datennutzungsrechte   39
IV. Datenschutz als Datennutzungsrecht?   40
  1. Kein Recht am eigenen Datum   41
  2. Eigentumsartiger Zuweisungsgehalt   42
  3. Rechtfertigungsproblematik   43
V.   Schutz von Unternehmensgeheimnissen   44
  1. Daten als geschütztes Geheimnis   44
  2. Schutzwirkung   46
  3. Geheimnisschutz als unzureichender Rechtsrahmen   46

---

[*]   Prof. Dr. jur. Dipl.-Biol., Inhaber des Lehrstuhls für Life Sciences-Recht und Immaterialgüterrecht an der Universität Basel.

VI. Schutzrecht sui generis des Datenbankherstellers 47
  1. Schutzgegenstand: Datenbank 48
    a) Sammlung 49
    b) Von Werken, Daten oder anderen unabhängigen Elementen 49
    c) Systematische oder methodische Anordnungen 50
  2. Schutzvoraussetzung der wesentlichen Investitionen 50
  3. Schutzwirkung 52
VII. Weitergehende Ansätze 52
  1. Daten als sonstiges Recht iSd § 823 I BGB 53
  2. Dateneigentum analog § 903 BGB auf Grundlage des strafrechtlichen Schutzes von Daten 54
  3. Recht des Datenerzeugers de lege ferenda 55
VIII. Ausblick und Fazit 57

Eigentumsartige Rechte an Daten (Datennutzungsrechte) stellen einen wichtigen Aspekt der im Rahmen der Digital Single Market Strategy aufzubauenden Datenwirtschaft dar. Der Beitrag geht der Frage nach, ob im geltenden Recht solche Datennutzungsrechte bestehen, und beleuchtet dabei das Datenschutzrecht, den Schutz von Unternehmensgeheimnissen sowie den Datenbankerstellerschutz. Er kommt zu dem Schluss, dass es bislang keine Datennutzungsrechte gibt, die dem Erzeuger die Verwertung von Daten zuweisen würden. Entsprechende Ansätze in der juristischen Diskussion sowie die mögliche Ausgestaltung eines Datenerzeugerrechts de lege ferenda werden abschließend dargestellt.

I.   Einleitung

In ihrer *Strategie für einen digitalen Binnenmarkt für Europa* (Digital Single Market Strategy for Europe, DSMS)[1] skizziert die Kommission mögliche Antworten des Rechts auf die Herausforderung durch die Digitalisierung.[2] Ausdrücklich nennt sie dabei als einen Aspekt „Eigentum an Daten" bzw. „Datennutzungsrechte".[3] Dies gibt Anlass, sich mit der Frage nach einem Dateneigentum auseinanderzusetzen.

1.   Der Aufbau einer Datenwirtschaft als Bestandteil der Strategie für einen digitalen Binnenmarkt

Die DSMS ruht auf drei „Pfeilern" bzw. verfolgt drei große Ziele:[4] Erstens ein besserer Online-Zugang für Verbraucher und Unternehmen zu Waren und Dienstleistungen in ganz Europa (insbesondere besserer Zugang zu digitalen Inhalten, modernes und europäischeres Urheberrecht), zweitens die Schaffung der richtigen Bedingungen für florierende digitale Netze und Dienste und drittens die bestmögliche Ausschöpfung des Wachstumspotenzials der *europäischen digitalen Wirtschaft*. Zu der als Drittes genannten europäischen digitalen Wirtschaft (digital economy) sollen zum einen der Aufbau einer *Datenwirtschaft*, zum anderen die Erhöhung der Wettbewerbsfähigkeit durch Interoperabilität und Normung und zum Dritten eine inklusive digitale Gesellschaft beitragen. Ein wichtiger Aspekt beim Aufbau einer Datenwirtschaft (data economy, im Commission Staff Working Document[5] auch data-based economy), den auch die DSMS erwähnt, ist die Frage, welche eigentumsartigen Rechte an Daten bestehen oder bestehen sollten.

---

1   Mitt. der Kommission an das Europäische Parlament, den Rat, den Europäischen Wirtschafts- und Sozialausschuss und den Ausschuss der Regionen, Strategie für einen digitalen Binnenmarkt für Europa, 6.5.2015, COM (2015) 192 final.
2   Digitalisierung wird verstanden als die zunehmende Bedeutung von Informationstechnologie in allen Wirtschaftszweigen bzw. allen Aspekten des Alltags. Vgl. COM (2015) 192 final, 3: „Das digitale Zeitalter hält mit schnellen Schritten Einzug in die Weltwirtschaft. Die Informations- und Kommunikationstechnologie (IKT) ist nicht länger ein besonderer Wirtschaftszweig, sondern die Grundlage aller modernen, innovativen Wirtschaftssysteme."
3   COM (2015) 192 final, 16 f.
4   COM (2015) 192 final, 4.
5   Commission Staff Working Document, A Digital Single Market Strategy for Europe – Analysis and Evidence, SWD (2015) 100 final, 57.

2. Technischer Hintergrund

Die Grundlagen der Datenwirtschaft, dh die neuartigen Technologien und darauf basierenden Geschäftsmodelle, werden ebenfalls in der DSMS angesprochen: Massendatenverarbeitung (Big Data), Cloud-Dienste, datengestützte Wissenschaft und Internet der Dinge.[6] Ergänzend führt das Commission Staff Working Document (SWD) aus: „Data has become a new factor of production, an asset and in some transactions a new currency." [7] Daten sind ein eigener Produktionsfaktor und ein Wirtschaftsgut geworden. Eine Schlüsselstellung kommt dabei der „transition to a smart industrial system (Industry 4.0)"[8] zu. Die so genannte Industrie 4.0, dh die vierte industrielle Revolution nach der Mechanisierung, Arbeitsteilung und Automatisierung wird damit zum entscheidenden Faktor. Sie ist durch die flächendeckende, unmittelbare Vernetzung von „intelligenten" Gegenständen per Internet gekennzeichnet.[9] Nicht nur die industrielle Produktion, sondern auch die Landwirtschaft ist betroffen, was das SWD ausdrücklich hervorhebt.[10] Neben der Vernetzung von Gegenständen (Internet of Things) identifiziert die Kommission als weitere Treiber des Transformationsprozesses „digital services such as cloud computing" sowie „big data (including data-driven science and geo-spatial data)".[11]

3. Verschiedene rechtliche Aspekte

Als Quellen rechtlicher Regelungen, die für den Aufbau einer Datenwirtschaft relevant sind, erwähnt die DSMS vier Rechtsgebiete:[12] erstens die Beschränkungen des freien Verkehrs personenbezogener Daten (insbesondere in Bezug auf den Standort der Daten), mithin also das Datenschutzrecht; zweitens Urheberrechtsvorschriften, deren uneinheitliche Umsetzung als Hindernis gesehen wird; drittens Datennutzungsrechte (rights to use data), die im Folgenden näher untersucht werden sollen; viertens wird auch noch die Haftungszuweisung in Bezug

---

6   COM (2015) 192 final, 16.
7   SWD (2015) 100 final, 59.
8   SWD (2015) 100 final, 57.
9   Abschlussbericht des Arbeitskreises Industrie 4.0, 2013, http://www.bmbf.de/pubRD/ Umsetzungsempfehlungen_Industrie4_0.pdf (zuletzt aufgerufen am 1.9.2015), S. 17. Vgl. *Sendler* in *ders.*, Industrie 4.0, 2013, 1; *Bräutigam/Klindt*, NJW 2015, 1137.
10   SWD (2015) 100 final, 57.
11   SWD (2015) 100 final, 58.
12   COM (2015) 192 final, 16 f.

auf andere Aspekte als personenbezogene Daten erwähnt, also das gesamte Haftungsrecht außerhalb des Datenschutzes.

Zudem wird eine Initiative zum „freien Datenfluss" angekündigt, die sich mit Beschränkungen des freien Datenverkehrs aus anderen Gründen als dem Schutz personenbezogener Daten sowie mit nicht gerechtfertigten Beschränkungen in Bezug auf den Speicher- und Verarbeitungsort der Daten beschäftigen soll, wobei unter anderem wiederum ausdrücklich die „neuen Fragen des Eigentums an Daten" angesprochen werden.[13]

Bereits an dieser Stelle sei kurz darauf hingewiesen, dass einige für eine Datenwirtschaft wichtige Rechtsgebiete nicht erwähnt werden, insbesondere das Vertrags- und das Wettbewerbsrecht (Lauterkeitsrecht und Recht der Wettbewerbsbeschränkungen).

II.   Aufbau einer Datenwirtschaft als Aufgabe des Rechts

Mögliche Datennutzungsrechte sind als Teil eines umfassenden Rechtsrahmens für eine Datenwirtschaft zu sehen. Dazu soll zunächst gezeigt werden, wie eine Datenwirtschaft faktisch funktioniert bzw. funktionieren könnte, um dann die auftretenden Sachverhalte aus rechtlicher Sicht zu typisieren und schließlich die relevanten Rechtsgebiete und ihre jeweilige Funktion zu identifizieren.

1.   Die Wertschöpfungskette bei Big Data-Sachverhalten: Erzeugung, Sammlung und Analyse von Daten

Die Entwicklung der Informationstechnik hat die Kosten, die Größe und das Gewicht von Sensoren, Speicherelementen, Netzwerken, Rechnern und Steuerungselementen stark gesenkt. Damit können Daten sozusagen nebenbei mit Aussicht auf Gewinn aufgenommen, gespeichert, übermittelt und analysiert werden. Versucht man, den Einfluss dieser Technologien zu beschreiben, so lassen sich drei wesentliche Aspekte unterscheiden: Zum einen bekommen herkömmliche körperliche Güter Datenbezüge. Einfache Autos werden beispielsweise zu „rollenden Rechnern". Dieser Umstand wird häufig durch den Zusatz „smart" gekennzeichnet und kann eine Vielzahl verschiedener gewerblich genutzter Gegenstände und Alltagsgegenstände betreffen, wie zB Fahrzeuge, Fertigungsmaschinen, landwirtschaftliche Maschinen, Mobiltelefone, Einrichtungsgegenstände

---

13   COM (2015) 192 final, 17.

oder Kleidung (wearables). Zum anderen werden herkömmliche körperliche Güter zunehmend durch Daten ersetzt (digital content statt herkömmlicher Medien), zB in Form von E-Books, E-Paper oder Streamingangeboten, was vor allem das Urheberrecht (und den ersten Pfeiler der DSMS) betrifft. Daten werden zum Dritten aber auch als neuartige Güter eigener Art gehandelt. Datenwirtschaft bedeutet also nicht nur datengetriebene oder datengesteuerte Wirtschaft (die Steuerung von Wirtschaftsabläufen durch Daten besteht bereits seit Langem und hat durch die Vernetzung eine neue Qualität bekommen), sondern auch eine Wirtschaft mit Daten als Gütern.

Als Güter werden nicht nur aufbereitete Daten bzw. Informationen gehandelt, sondern auch so genannte „Rohdaten" bzw. „Maschinendaten".[14] Sie werden automatisiert erfasst und können durch eine Analyse größerer Mengen solcher Daten in Erkenntnisse umgesetzt werden, was zugleich den Kern der so genannten Big Data-Anwendungen darstellt. Rohdaten werden damit zu einem „Rohstoff",[15] der in einer Datenwirtschaft gehandelt wird, wodurch auch die Frage nach übertragbaren Nutzungsrechten wichtig wird. Die Wertschöpfungskette solcher Anwendungen lässt sich aufteilen in die Erzeugung von Daten (durch Betreiben von Sensoren, sei es gezielt oder nebenbei), das Sammeln solcher Daten, die Analyse durch statistische Auswertung und schließlich erst als letzter Schritt mögliche Innovationen, die auf den resultierenden Erkenntnissen basieren.[16]

Nutzungsrechte bzw. Ausschließlichkeitsrechte greifen tatbestandlich und mit ihrer Wirkung auf verschiedenen Ebenen ein. Klassisches IP (insbesondere das Patentrecht, aber auch das Urheberrecht) greift mit seinen Schutzgegenständen erst auf der Ebene der Innovation (genauer gesagt im Stadium der Invention, nicht im Stadium der vorgelagerten Idee oder des nachgelagerten Produkts).[17] Kernfrage bei der Diskussion um Datennutzungsrechte ist daher, ob ausschließlichkeitsrechtlicher Schutz bereits im Stadium der Datenerzeugung eingreifen soll.

14 *Maximilian Becker*, persönliche Mitteilung.
15 *Mayer-Schönberger/Cukier*, Big Data – A Revolution That Will Transform How We Live, Work and Think, 2013, 5; *W. Dorschel/J. Dorschel* in *J. Dorschel*, PraxishdB Big Data, Wirtschaft – Recht – Technik, 2015, 1, 6 ff., 9.
16 Die mittelbar resultierenden Innovationen können Erfindungen (technische Innovationen), urheberrechtlich geschützte Werke (vgl. *Wiebe*, CR 2014, 1 [9]) oder sonstige Innovationen sein.
17 *Zech*, ZGE 7 (2015), 1 (3).

2.   Unternehmer und Verbraucher als Teil der Wertschöpfungskette

Als Akteure einer Datenwirtschaft kommen sowohl Unternehmer als auch Verbraucher in Betracht. Obwohl gerade im Datenschutzrecht auch der Staat eine große Rolle spielt, soll auf dessen Rolle hier nicht weiter eingegangen werden, da mit den Regelungen zur Informationsfreiheit (Informationszugang) und zur Informationsweiterverarbeitung spezielle öffentlich-rechtliche Normen bestehen.[18] Das Verhältnis dieser Regelungen zu möglichen privatrechtlichen Datennutzungsrechten kann aber besondere Probleme aufwerfen.

Unternehmer und Verbraucher können als Betroffene in Erscheinung treten, dh als diejenigen, auf die sich Daten beziehen. Handelt es sich um natürliche Personen, sind sie damit Betroffene iSd § 3 I BDSG bzw. betroffene Person iSd Art. 4 Nr. 1 Datenschutz-Grundverordnung-E.[19] Dann liegen personenbezogene Daten vor.

Auch als Erzeuger von Daten können sowohl Unternehmer als auch Verbraucher auftreten. Mit der Verbreitung komplexer Geräte kommt Verbrauchern als Datenerzeuger eine immer größere Bedeutung zu, sei es als Betreiber von „smart cars"[20] oder Träger von „wearables". Unternehmer werden im Rahmen der Industrie 4.0 ebenfalls immer mehr zu Datenerzeugern, auch wenn ihr Unternehmensgegenstand auf völlig andere Geschäftsfelder gerichtet ist.

Die Analyse der Daten geschieht regelmäßig nur auf unternehmerischer Ebene, unabhängig davon aus welcher Quelle die Daten stammen. Für den zwischengeschalteten Datenhandel erscheint neben der Frage, ob es sich um personenbezogene Daten handelt (und damit das Datenschutzrecht anwendbar ist) oder nicht, auch die Unterscheidung zwischen von Verbrauchern erzeugten und von Unternehmern erzeugten Daten relevant. Ob sich für Nutzungsrechte an Daten unterschiedliche Rechtsfolgen ergeben sollten, je nachdem, ob der Erzeuger als Unternehmer oder als Verbraucher handelt, wird später noch einmal angesprochen werden.

18   Dazu *Wiebe/Ahnefeld*, CR 2015, 127, und *diess.*, CR 2015, 199 ff.
19   Vorschlag für Verordnung des Europäischen Parlaments und des Rates zum Schutz natürlicher Personen bei der Verarbeitung personenbezogener Daten und zum freien Datenverkehr (Datenschutz-Grundverordnung), 25.1.2012, KOM (2012) 11 endg.
20   Zu Datennutzungsrechten in „smart cars" *Hornung/Goeble*, CR 2015, 265.

3.   Schaffung und Regulierung von Datenmärkten

Die Rolle des Rechts für einen Datenmarkt lässt sich in zwei Sichtweisen auftei-len, denen aber auch bestimmte Funktionen des Rechts entsprechen: Einerseits kann man das Recht als Beschränkung des freien Datenverkehrs verstehen. Dies steht, bedingt auch durch das primäre Ziel der Europäischen Union, Handels-hemmnisse zu beseitigen, im Vordergrund der DSMS.[21] Solche Einschränkungen ergeben sich aus dem regulatorischen Recht, insbesondere dem Datenschutz, aber auch aus Rechten des geistigen Eigentums. Andererseits kann das Recht aber auch erst einen Datenverkehr ermöglichen. Dies gilt bereits für das regula-torische Recht durch die Schaffung klarer „Spielregeln", besonders aber für das Vertragsrecht, das Wettbewerbsrecht und für Rechte des geistigen Eigentums, die durch die Zuweisung übertragbarer Rechte Märkte für unkörperliche Güter schaffen. Es gilt also nicht etwa, den Rechtsrahmen für eine Datenwirtschaft möglichst klein zu halten, sondern die geeigneten rechtlichen Rahmenbedingun-gen für eine Datenwirtschaft und insbesondere für einen funktionierenden Da-tenmarkt zu schaffen. Gute Gründe sprechen, wie noch zu zeigen sein wird, da-für, dass dazu auch Datennutzungsrechte gehören.

Wesentliche Aspekte des Rechtsrahmens für eine Datenwirtschaft sind die in der DSMS erwähnten Rechtsgebiete Datenschutzrecht, Urheberrecht (sofern man dazu das Datenbankherstellerrecht zählt, das als mögliches Datennutzungsrecht auch noch ausführlicher darzustellen sein wird – Datenbankwerke liegen in der Regel nicht vor), Datennutzungsrechte (zum Begriff s. u. III) und Haftungsrecht. Dem Recht kommt dabei die Aufgabe zu, einerseits dafür zu sorgen, dass es Da-tenmärkte überhaupt gibt (da der Austausch und die Nutzung von Daten erstrebt werden), andererseits regulatorische Risiken für die Marktteilnehmer (insbeson-dere Verbraucher) gering zu halten. Auch das Vertragsrecht, das Verbraucher-schutzrecht und das Wettbewerbsrecht sind hier zu erwähnen. Gerade im Ver-hältnis zwischen Unternehmen und Verbrauchern geht es nicht nur um den Schutz von Verbrauchern als Betroffene im Sinne des Datenschutzes, sondern auch um Fairness bei Geschäften mit Daten, seien sie personenbezogen oder nicht-personenbezogen.

---

21 Typischerweise wird für europäische Rechtsakte, die Ausschließlichkeitsrechte betreffen, immer noch Art. 114 AEUV als Kompetenzgrundlage herangezogen. Auch der Daten-schutz zielt auf die Beseitigung von Handelshemmnissen. Die DSMS (S. 16 f.) argumen-tiert ebenfalls aus diesem Blickwinkel, spricht aber immerhin auch „eine mangelnde Klarheit der Datennutzungsrechte" an, was nicht nur deren Funktion als Markthemmnis, sondern auch als Instrument zur Schaffung von Märkten betrifft.

III.   Was bedeutet „Eigentum an Daten" bzw. „Datennutzungsrechte"?

Vor einer Untersuchung bestehender oder eventuell zu schaffender Datennutzungsrechte soll der Begriff geklärt werden. Dazu ist zum einen klarzustellen, was unter Daten zu verstehen ist, zum anderen soll auch auf den Begriff der Nutzungsrechte eingegangen werden.

1.   Was sind Daten? (Daten als Gegenstand von Rechten)

Daten können in ihrer einfachsten Bedeutung als maschinenlesbar codierte Information definiert werden.[22] Entscheidend für die Frage, ob es Rechte an Daten geben soll, ist aber, wie Daten als Rechtsobjekt bzw. als Wirtschaftsgut abgegrenzt werden können.

Dies kann zum einen auf der Bedeutungsebene geschehen (semantische Information), wie es zB bei den personenbezogenen Daten der Fall ist, die als Angaben über eine Person (§ 3 I BDSG) bzw. Informationen, die sich auf eine Person beziehen, (Art. 4 Nr. 2 Datenschutz-Grundverordnung-E) definiert sind. Auch Know-how gehört hierher, wenn es über seinen Bedeutungsgehalt abgegrenzt wird.

Daten lassen sich aber auch unabhängig von ihrer Bedeutung abgrenzen, nämlich auf der Zeichenebene (syntaktische Information). Als Rechtsobjekt wäre dann eine Menge von „Nullen und Einsen" geschützt, sei es als Datei oder als Datenstrom. Diese Abgrenzung ist anderen zeichenhaften Repräsentationen von Information vergleichbar, zB einem Text (der nicht über seinen Inhalt abgegrenzt wird).

2.   Datennutzungsrechte

Unter Datennutzungsrechten bzw. eigentumsartigen Rechten („Eigentum") an Daten ist die Zuweisung von Daten durch Ausschließlichkeitsrechte oder zumindest nach dem Vorbild von Ausschließlichkeitsrechten zu verstehen. Eigentum als umfassendes Recht an Sachen, § 903 BGB, und die „klassischen" Rechte des geistigen Eigentums wie Patentrecht und Urheberrecht haben hier Vorbildcharakter. Sie werden aber ergänzt durch weniger klar konturierte Leistungsschutzrechte sowie den lauterkeitsrechtlichen Leistungsschutz.

---

22   *Zech*, Information als Schutzgegenstand, 2012, 32.

Herbert Zech

Wichtige Kriterien bei der Frage, ob eine eigentumsartige Zuweisung von Befugnissen an einem Gegenstand bzw. Gut besteht, sind neben einer klaren Definition des Schutzgegenstands insbesondere der wirtschaftliche Zuweisungsgehalt eines Rechts (mit der Folge, dass zB bei einem Eingriff in das Recht nicht nur Schadensersatzansprüche gegeben sind, sondern auch eine Gewinnherausgabe[23] aus Eingriffskondiktion und angemaßter Eigengeschäftsführung in Betracht kommt) und die (für den wirtschaftlichen Zuweisungsgehalt nicht zwingend erforderliche) Übertragbarkeit des Rechts. Zwischen Übertragbarkeit und wirtschaftlichem Zuweisungsgehalt besteht ein Stufenverhältnis, da die Übertragbarkeit des Rechts den wirtschaftlichen Zuweisungsgehalt bedingt, jedoch für diesen nicht notwendig ist. Vielmehr genügt es, wenn das Recht die wirtschaftliche Nutzung auch auf andere Weise als durch translative Übertragung einräumt. Zumindest ist aber erforderlich, dass der Schutzgegenstand faktisch übertragbar ist, dass also die zugewiesenen Befugnisse faktisch auch durch eine andere Person als den Rechtsträger ausgeübt werden können, was zB auch bei bestimmten Persönlichkeitsaspekten wie dem eigenen Bild (semantisch abgegrenzt) der Fall ist.

Mit der Frage, unter welchen Voraussetzungen Persönlichkeitsrechte als Ausschließlichkeitsrechte aufgefasst werden können, ist bereits das erste Recht angesprochen, das als Datennutzungsrecht diskutiert wird, es ergibt sich aus dem Datenschutz.

IV. Datenschutz als Datennutzungsrecht?

Das Datenschutzrecht ist bereits Gegenstand des europäischen Rechts und soll durch die angestrebte Datenschutz-Grundverordnung[24] voll harmonisiert werden. Regelungszweck des Datenschutzrechts ist, wie bereits im ersten Erwägungsgrund der geplanten Datenschutz-Grundverordnung klargestellt wird, der Schutz natürlicher Personen bei der Verarbeitung personenbezogener Daten. Die Formulierung der entsprechenden grundrechtlichen Garantie in Art. 8 I EU-Grundrechtecharta und Art. 16 I AEUV ist insofern missverständlich, als dort gleichlautend formuliert ist: „Jede Person hat das Recht auf Schutz der sie betreffenden personenbezogenen Daten." Es geht aber im Kern nicht um einen Schutz der Daten, sondern um einen Schutz der Person vor Gefahren durch sie betreffende Daten.

---

23 Dazu *Helms*, Gewinnherausgabe als haftungsrechtliches Problem, 2007, 25 ff.; *Peukert*, Güterzuordnung als Rechtsprinzip, 402 ff., 512; vgl. *Ellger*, Bereicherung durch Eingriff, 2002, 890 ff.; *Hofmann*, AcP 213 (2013), 469; *Hoffmann*, JURA 2014, 71.
24 S. o. Fn. 19.

Allerdings wird auch vertreten, dass das Datenschutzrecht zu einem Dateneigentumsrecht weiterentwickelt werden könnte, dass seine Funktion also vom Schutz der Persönlichkeit zu einer Beteiligung am wirtschaftlichen Wert personenbezogener Daten ausgeweitet wird.[25]

Möchte man den Datenschutz zu einem Datennutzungsrecht der Betroffenen weiterentwickeln, stellen sich mehrere Probleme. Zum einen weist das Datenschutzrecht tatbestandlich nicht jede Angabe über eine Person dieser ausschließlich zu. Es gibt gerade kein „Recht am eigenen Datum", dh kein Persönlichkeitsrecht an jeder eine Person betreffenden Information, wie es im Verhältnis zum Staat in Form des Grundrechts auf informationelle Selbstbestimmung anerkannt ist.[26] Datenschutzrecht schützt die Persönlichkeit nur vor bestimmten Formen der Datenverarbeitung. Auf der Rechtsfolgenseite des Datenschutzes kann zwar wie auch für andere Persönlichkeitsrechte ein wirtschaftlicher Zuweisungsgehalt bejaht werden. Trotz fehlender Übertragbarkeit duldet die Rechtsordnung die wirtschaftliche Verwertung von Persönlichkeitsrechten, insbesondere durch schuldrechtliche Rechtsgeschäfte.[27] Damit stellt sich aber die zentrale Frage, ob der bloße Persönlichkeitsbezug tatsächlich eine hinreichende Rechtfertigung für die Zuweisung übertragbarer ausschließlicher Befugnisse im Umgang mit den eigenen Daten bewirkt.

1.   Kein Recht am eigenen Datum

Das Datenschutzrecht weist dem Betroffenen gerade keine umfassende Verfügungsbefugnis über ihn oder sie betreffende Information zu, sondern erfasst nur bestimmte Formen der Datenverarbeitung, die auf Grund einer Gesamtabwägung als zu starke Persönlichkeitsbeeinträchtigung erscheinen. Im Verhältnis zwischen Privaten nehmen hier die Regelungen der §§ 28 I Nr. 2, 29 I Nr. 1 BDSG bzw. des Art. 6 I Buchst. f Datenschutz-Grundverordnung-E eine Schlüsselrolle ein. Sie zeigen, dass es sich beim Datenschutz um ein nach dem Vorbild vieler Persönlichkeitsrechte abwägungsoffenes Recht handelt.

---

25   *Buchner*, Informationelle Selbstbestimmung im Privatrecht, 2006, 202 ff.; *Kilian*, FAZ v. 4.7.2014 (http://www.faz.net/aktuell/wirtschaft/netzwirtschaft/vom-recht-auf-die-eigenen -daten-13025525.html; zuletzt aufgerufen am 10.10.2015); vgl. *v. Lewinski*, Die Matrix des Datenschutzes, 2014, 50 ff.

26   *Klippel*, BB 1983, 407 (408); *Simitis*, NJW 1984, 398 (400); *Ehmann*, AcP 188 (1988), 230 (266 f.); *Hohmann-Dennhardt*, DSB 2009, 13 (14).

27   *Ohly*, „Volenti non fit inuria", Die Einwilligung im Privatrecht, 2002, 141 ff., 165 ff., 259 ff.; *Beverley-Smith/Ohly/Lucas-Schloetter*, Privacy, Property and Personality, 2005, 94 ff.; *Hofmann*, ZGE/IPJ 2 (2010), 1.

Eine vollständige Zuweisung eigener Daten (semantisch abgegrenzt durch den Bezug zur eigenen Persönlichkeit) wäre auch mit der grundrechtlich geschützten Meinungs- und Informationsfreiheit nicht vereinbar. Der *BGH* hat dies in seinem „Spickmich.de"-Urteil auf den Punkt gebracht:

> „Allerdings hat der Einzelne keine absolute, uneingeschränkte Herrschaft über ‚seine' Daten; denn er entfaltet seine Persönlichkeit innerhalb der sozialen Gemeinschaft. In dieser stellt die Information, auch soweit sie personenbezogen ist, einen Teil der sozialen Realität dar, der nicht ausschließlich dem Betroffenen allein zugeordnet werden kann."[28]

2.   Eigentumsartiger Zuweisungsgehalt

Auf der Rechtsfolgenseite stellt sich die Frage, ob man der dem Betroffenen durch das geltende Datenschutzrecht verschafften Position wirtschaftlichen Zuweisungsgehalt zusprechen möchte. Diese Position ist jedenfalls nicht translativ übertragbar. Da jedoch die Einwilligung des Betroffenen nach § 4 I BDSG bzw. Art. 6 I Buchst. a Datenschutz-Grundverordnung-E eine unzulässige Datenverarbeitung zulässig machen kann, besteht die Möglichkeit, eine solche Einwilligung zu erteilen und sich in den Grenzen der Vertragskontrolle dabei auch schuldrechtlich zu binden. Damit kann der Betroffene seine Position ähnlich wie bei anderen Persönlichkeitsrechten verwerten.[29] Allerdings wird die Möglichkeit, bindende Verträge zu schließen, durch die freie Widerruflichkeit der Einwilligung,[30] die auch in Art. 7 III 1 Datenschutz-Grundverordnung-E festgeschrieben werden soll, stark eingeschränkt.

Trotz der Widerrufsmöglichkeit bleibt die grundsätzliche Möglichkeit, geschützte persönliche Daten durch Einwilligungserteilung zu verwerten (beispielsweise entfaltet der Widerruf nach Art. 7 III 2 Datenschutz-Grundverordnung-E keine Rückwirkung). Das persönliche Datum ist zwar durch seinen Bedeutungsgehalt untrennbar mit der geschützten Person verbunden, lässt sich aber ebenso wie zB ihr Bild von ihr ablösen, da es auch ohne fortdauernde

---

28   *BGHZ* 181, 328 = NJW 2009, 2888 – www.spickmich.de.
29   Zu Rechtsgeschäften über Persönlichkeitsrechte *Ohly* (o. Fn. 27), 165 ff., 259 ff.; *Beverley-Smith/Ohly/Lucas-Schloetter* (o. Fn. 27), 129 ff. mwN.
30   Die in § 4a BDSG geregelte Einwilligung ist grundsätzlich frei widerruflich und auf die Widerrufsmöglichkeit kann auch nicht im Voraus wirksam verzichtet werden, *Gola/Schomerus*, BDSG, 12. Aufl. 2015, § 4 a Rn. 38; *Herbst*, MedR 2009, 149 (150). Dies gilt zumindest, wenn der Betroffene erst nach Erteilung der Einwilligung die Tragweite der Datenverarbeitung erkennt, *Simitis* in *ders.*, BDSG, 8. Aufl. 2014, § 4a Rn. 94.

Mitwirkung der Person verarbeitet werden kann. Für das Recht am eigenen Bild nach §§ 22, 23 KUG hat der *BGH* auch ohne Lizenzbereitschaft des Beeinträchtigten einen Anspruch aus Eingriffskondiktion sowie Schadensersatz nach Lizenzanalogie bejaht.[31] Daher spricht einiges dafür, auch dem Datenschutz einen entsprechenden wirtschaftlichen Zuweisungsgehalt zuzubilligen.[32] Allerdings bleibt es bei der unter 1 angesprochenen offenen tatbestandlichen Konturierung, die sich durch das Datenschutzrecht ergibt. Man kann also allenfalls von einem rahmenrechtlichen „Recht an den eigenen persönlichen Daten" sprechen, nicht jedoch von einem eigentumsartigen „Recht am eigenen Datum".[33]

3. Rechtfertigungsproblematik

Im Hintergrund der Frage nach dem wirtschaftlichen Zuweisungsgehalt steht ein Rechtfertigungsproblem, das auch in anderen Rechtsbereichen nicht hinreichend aufgearbeitet erscheint. Bietet der bloße Persönlichkeitsbezug eines Guts eine hinreichend Rechtfertigung für die Beteiligung am wirtschaftlichen Wert? Das oft als Paradebeispiel genannte Urheberrecht taugt hier trotz der in Deutschland herrschenden monistischen Theorie gerade nicht. Einerseits ist der erforderliche Persönlichkeitsbezug bisweilen sehr gering. Zum anderen kommt hier die Schöpfung eines neuen Guts als entscheidender Aspekt hinzu, der es auch ökonomisch unproblematisch erlaubt, das Urheberrecht als Ausschließlichkeitsrecht zu rechtfertigen.

Die Frage, ob Persönlichkeitsschutz ökonomische Zuweisung rechtfertigt, kann hier nicht mit der gebührenden Breite erörtert werden. Es scheint aber, dass mit der gegenwärtigen Ausgestaltung vieler Persönlichkeitsrechte mit einerseits wirtschaftlichem Zuweisungsgehalt auf der Rechtsfolgenseite, andererseits aber Beibehaltung abwägungsoffener Tatbestände auf der Tatbestandsseite die Grenze der zulässigen Annäherung an Vermögensrechte erreicht ist. Gewichtigstes Argument dürfte sein, dass echte eigentumsartige Rechte auch gegen den Willen des Rechtsträgers diesem entzogen werden können, zB bei der Zwangsvollstreckung.[34] Dies darf bei Persönlichkeitsrechten zumindest dann nicht ermöglicht werden, wenn und soweit der Rechtsträger diese nicht selbst bereits verwertet hat (ähnlich wie beim Urheberrecht). Beim Datenschutz, wo häufig die Erteilung

---

31 *BGHZ* 169, 340 = GRUR 2007, 139 – Rücktritt des Finanzministers.
32 *Kilian*, CRi 2012, 169 (172); *Zech* (o. Fn. 22), 219 f.
33 So zB *Ladeur*, DuD 2000, 12 (18): „nicht dem Persönlichkeitsrecht zugeordnet [...], sondern als Bestandteil eines neuartigen Eigentumsrechts."
34 *Peukert* (o. Fn. 23), 534 ff.

Herbert Zech

formularmäßiger Einwilligungen als „Gegenleistung" für kostenlose Dienste eingestuft wird, erscheint im Hinblick auf die soziale Üblichkeit, häufig auch Alternativlosigkeit, solcher Einwilligungen auch dies bereits problematisch.

V.   Schutz von Unternehmensgeheimnissen

Mit dem Vorschlag für eine Richtlinie über den Schutz vertraulichen Know-hows und vertraulicher Geschäftsinformationen[35] ist auch der Schutz von Unternehmensgeheimnissen Gegenstand europäischer Harmonisierungsbestrebungen. In Deutschland ist der Schutz von Unternehmensgeheimnissen im geltenden Recht als strafrechtliche Normen im UWG verankert. Nach § 17 II UWG kann sich der Geschützte gegen die unbefugte Geheimnisverschaffung sowie die Verwertung und Mitteilung unbefugt verschaffter Geheimnisse wehren. Obwohl Daten als Unternehmensgeheimnisse in Betracht kommen, führt dieser Schutz aber nicht zu einem echten Datennutzungsrecht. Zudem führt er gerade bei Big Data-Sachverhalten zu Problemen.

1.   Daten als geschütztes Geheimnis

Tatbestandliche Voraussetzung des Schutzes ist, dass die Daten ein geschütztes Betriebsgeheimnis darstellen. Dies ist auch bei automatisiert erfassten Daten möglich, sofern sie im Zusammenhang mit einem Geschäftsbetrieb stehen (wofür die Speicherung im Rahmen eines Geschäftsbetriebs genügt), nicht offenkundig sind und sofern ein bekundeter oder zumindest erkennbarer Geheimhaltungswille des Betriebsinhabers und ein wirtschaftliches Interesse an der Geheimhaltung besteht. All diese Voraussetzungen können auch erfüllt sein, wenn der Hersteller einer komplexen Maschine die von dieser erfassten Daten gegenüber seinem Kunden geheimhält.[36]

---

35   Vorschlag für eine Richtlinie des Europäischen Parlaments und des Rates über den Schutz vertraulichen Know-hows und vertraulicher Geschäftsinformationen (Geschäftsgeheimnisse) vor rechtswidrigem Erwerb sowie rechtswidriger Nutzung und Offenlegung v. 28.11.2013, COM (2013) 813 final.
36   Zum strafrechtlichen Schutz nach § 202 a StGB s. u. VII 2. Daneben kommt auch ein Schutz technischer Maßnahmen nach § 95 a UrhG in Betracht, was aber voraussetzt, dass ein geschütztes (Datenbank)Werk oder ein sonstiger nach UrhG geschützter Gegenstand (Datenbank) vorliegt. Dies trifft jedenfalls für das einzelne Datum nicht zu, s. u. VI 1.

Mit der Definition des Unternehmensgeheimnisses als „Informationen"[37] findet sich wie im Datenschutz eine Abgrenzung auf semantischer Ebene. Allerdings geht es nicht notwendig um Informationen über das geschützte Unternehmen (unternehmensbezogene Informationen); vielmehr kann es sich um beliebige Informationen handeln. Erforderlich ist lediglich, dass das Unternehmen die Informationen berechtigterweise unter seiner Kontrolle hat („lawfully within their control", Art. 39 II TRIPS; vgl. Art. 2 I Buchst. c des Richtlinien-Entwurfs [RL-E]).[38] Es genügt also, dass es sich um unternehmensbekannte Geheimnisse handelt, die das Unternehmen unter Kontrolle hat. Art. 3 II Buchst. a und Art. 11 II Buchst. e RL-E (sowie Erw. 6) erwähnen ausdrücklich elektronische Dateien als „Verkörperung" (syntaktische Information) geschützter Geheimnisse.

Nach Art. 2 I Buchst. b (RL-E) muss ein Geschäftsgeheimnis einen kommerziellen Wert haben, weil es geheim ist.[39] Nach Erwägungsgrund 8 sollen „belanglose Informationen" von dieser Definition nicht erfasst werden. Im deutschen Recht findet sich dieses Erfordernis nicht, allerdings stellt hier das wirtschaftliche Interesse des Betriebsinhabers eine ähnliche Einschränkung dar. Bei einzelnen Messdaten könnte man argumentieren, dass diese noch keinen kommerziellen Wert haben, jedenfalls aber belanglos sind. Hier zeigt sich, dass Erwägungsgrund 8 von falschen Voraussetzungen ausgeht: Durch Big Data können gerade auch belanglose Informationen, wenn man nur genug von ihnen zusammenfügt und analysiert, einen wirtschaftlichen Wert besitzen. Durch die Existenz eines Markts für solche Daten dürfte die Wertlosigkeit widerlegt sein. Auch Rohdaten haben einen Wert, der nur unter Umständen sehr gering ist.[40] Da der Wert keine quantitative Mindestschwelle überschreiten muss, dürfte das Erfordernis des kommerziellen Werts kein Problem darstellen. Für die nach deutschem Recht bestehende Voraussetzung eines wirtschaftlichen Interesses zB der Hersteller komplexer Maschinen gilt dies ohne Weiteres.

---

37 Art. 2 I RL-E. Vgl. Art. 39 I TRIPS: „information".
38 Der RL-E spricht vom „Inhaber des Geschäftsgeheimnisses", vgl. Art. 3, 9, 11, 13. Nach Art. 2 I Buchst. c gehört es zur Definition des geschützten Geschäftsgeheimnisses, dass die geschützten Informationen „Gegenstand von den Umständen entsprechenden angemessenen Geheimhaltungsmaßnahmen der Person, die die rechtmäßige Kontrolle über die Informationen besitzt", sind. Auch nach Art. 10 I muss es sich um den rechtmäßigen Inhaber handeln. Der „rechtmäßige Inhaber" findet sich auch in Erw. 3, 5, 6, 13, 14, 15, 18.
39 Vgl. GRUR-Stellungnahme v. 19.3.2014, S. 4 f.
40 *Neumann*, DANA 2011, 44: „Es gibt kein belangloses Datum mehr!"

2.   Schutzwirkung

Obwohl der Schutz von Unternehmensgeheimnissen zumindest als Teil des geistigen Eigentums gesehen wird[41] und mit Art. 39 auch in TRIPS aufgenommen wurde, gewährt er kein echtes Ausschließlichkeitsrecht. Insbesondere ist er abhängig vom faktischen Bestehen des Geheimnisses und ähnelt damit eher dem Besitzschutz.[42] Zudem wird die Information nicht gegen jede Benutzung, sondern nur gegen bestimmte Angriffe auf das Geheimnis geschützt.

In Big Data-Sachverhalten würde eine Analyse von Daten durch Dritte deren verletzende Offenlegung voraussetzen, sofern die Dritten nicht berechtigte Geheimnisträger sind, zB durch Erwerb der Daten auf Grund eines Know-how-Vertrags. Damit wäre die Analyse als Verwertung von Geheimnissen, die durch Geheimnisverrat oder Betriebsspionage erlangt wurden, vom Schutz des Unternehmensgeheimnisses umfasst. Sachgerecht ist, dass das erneute Messen zulässig bleibt, da der Schutz keine ausschließliche Befugnis an der Information vermittelt (im Übrigen gibt es auch Ausschließlichkeitsrechte, die eine eigenständige Neuschaffung des Schutzgegenstands erlauben, vgl. Art. 19 II GGV[43] für das nicht eingetragene Gemeinschaftsgeschmacksmuster).

Die rechtliche Position des geschützten Geheimnisträgers weist eigentumsähnliche Züge auf, soweit es um den wirtschaftlichen Zuweisungsgehalt geht. Obwohl nach hM kein übertragbares Recht entsteht, ist Know-how zumindest faktisch übertragbar und kann so auch Gegenstand von Rechtsgeschäften sein und wirtschaftlich verwertet werden.[44] Dementsprechend wird ein wirtschaftlicher Zuweisungsgehalt, dh die Möglichkeit der Eingriffskondiktion bei einer Verletzung, bejaht. Geht es um Informationen, die vom Unternehmen ablösbar sind, wie zB Daten aus automatisierten Messungen, so ist dies zumindest als Rahmenrecht zu befürworten.

3.   Geheimnisschutz als unzureichender Rechtsrahmen

Der Geheimnisschutz bewirkt keine eigenständige rechtliche Zuweisung, sondern verstärkt nur eine bestehende faktische Ausschließlichkeit von Daten durch absolut wirkende Abwehrrechte. Damit kann man dem Schutz von Unterneh-

41   Dazu *Ohly*, GRUR 2014, 1 (3 f.).
42   *Dorner*, Know-how-Schutz im Umbruch, 2013, 111; *ders.*, CR 2014, 617 (619); *Ohly*, GRUR 2014, 1 (8); *Zech* (o. Fn. 22), 241.
43   VO (EG) Nr. 6/2002 des Rates v. 12.12.2001 über das Gemeinschaftsgeschmacksmuster.
44   Vgl. *Dorner* (o. Fn. 42), 83 f., 214 ff.; *Zech* (o. Fn. 22), 234 ff., jew. mwN.

mensgeheimnissen zwar eine rechtliche Zuweisung an denjenigen entnehmen, der einen faktisch exklusiven Zugang zu ihnen hat (Aufnehmender, Speichernder). Probleme mit der bestehenden faktischen Situation werden dadurch aber eher noch verstärkt.

Die Zuordnung durch den Geheimnisschutz führt bei Industrie 4.0-Sachverhalten zu Problemen: Regelmäßig sind mehrere Unternehmen beteiligt, deren jeweilige Geheimnisse schwer abzugrenzen sind. Aus Sicht des Anwenders komplexer Fertigungsmaschinen handelt es sich bei sämtlichen anfallenden Daten um seine Betriebsgeheimnisse. Aus Sicht des oder der Hersteller der von ihm eingesetzten Maschinen, die unter Umständen konstruktionsbedingt den Anwender vom Zugang zu diesen Daten ausschließen können, handelt es sich eher um deren Geheimnisse. Arbeiten mehrere Maschinen zusammen bzw. sind sie vernetzt, was ebenfalls der Regelfall sein dürfte, wird die Zuordnung noch schwieriger.

Die räumliche Ausdehnung der Betriebssphäre, dh die Unmöglichkeit, diese durch die „Werkstore" abzugrenzen, ist unvermeidliche Folge der IT (vgl. Cloud Computing). Probleme bereitet dadurch aber die Abgrenzung zu anderen Betriebssphären. Mangelnde Transparenz ist eines der Hauptprobleme bei modernen IT-Sachverhalten. Dies gilt sowohl gegenüber Verbrauchern, als auch gegenüber Unternehmern. Durch den Schutz von Unternehmensgeheimnissen wird dies aber noch verstärkt, was für eine zurückhaltende Anwendung spricht. Vor den besonderen Risiken der IT für Geheimnisse schützen die speziellen Tatbestände des StGB, insbesondere §§ 202 a ff. StGB, die noch um einen Tatbestand der „Datenhehlerei" ergänzt werden sollen.[45]

VI. Schutzrecht sui generis des Datenbankherstellers

Mit dem *sui generis*-Schutz des Datenbankherstellers nach Art. 7 ff. RL 96/9/EG[46] (bzw. §§ 87 a ff. UrhG)[47] hat der europäische Gesetzgeber das Prob-

---

45 BT- Drs. 17/14362 v. 10.7.2013, GesE des Bundesrates, Entwurf eines Gesetzes zur Strafbarkeit der Datenhehlerei, 7; Referentenentwurf des Bundesministeriums der Justiz und für Verbraucherschutz v. 15.5.2015, Entwurf eines Gesetzes zur Einführung einer Speicherpflicht und einer Höchstspeicherfrist für Verkehrsdaten, 19.

46 RL 96/9/EG des Europäischen Parlaments und des Rates v. 11.3.1996 über den rechtlichen Schutz von Datenbanken. Das *sui generis*-Schutzrecht ergänzt den bereits früher bestehenden urheberrechtlichen Schutz von Datenbankwerken (§ 4 II UrhG). Während der urheberrechtliche Schutz eine persönliche geistige Schöpfung durch die Auswahl oder Anordnung voraussetzte, wird diese Voraussetzung durch eine *wesentliche Investition*

lem, Daten als Wirtschaftsgut auch rechtlich zu erfassen, bereits adressiert. Schutzgegenstand sind aber nicht die Daten selbst, sondern die Datenbank bzw. die Investitionen in den Aufbau einer Datenbank. Anders als die klassischen Rechte des geistigen Eigentums schützt dieses Recht nicht mehr eine Schöpfung des menschlichen Geistes, sondern das Ergebnis einer Investition.[48] Durch die Rechtsprechung hat das Schutzrecht aber eine Konturierung erfahren, mit der sich die Nutzung von Daten in Big Data-Sachverhalten in der Regel nicht zuweisen lässt, jedenfalls nicht dem Datenerzeuger.[49] Dies liegt vor allem an der Definition der wesentlichen Investition als Schutzvoraussetzung, die sich im Schutzumfang widerspiegelt.

1. Schutzgegenstand: Datenbank

Da bei automatisiert erfassten Daten gerade keine menschliche geistige Leistung vorliegt, scheidet das Vorliegen eines Datenbankwerkes nach § 4 II 2 UrhG aus. Dagegen handelt es sich in der Regel bei dem Ergebnis automatisierter Messungen bzw. Aufnahmen um eine Datenbank.

(§ 87 a I UrhG) ersetzt. Das Ausschließlichkeitsrecht wird demjenigen zugeordnet, der diese Investition tätigt (Datenbankhersteller, § 87 a II UrhG).

47 Für die deutsche Regelung ist der Begriff sui generis-Schutz problematisch, weil es sich dabei um ein echtes Ausschließlichkeitsrecht handelt, vgl. demnächst *Anger*, Verwandte Schutzrechte als Vorlage für Verleger- und Sportveranstalterschutz.

48 *Steinbeck*, KSzW 2010, 223 (224): „Nicht nur der Schöpfer einer geistigen Leistung, sondern auch derjenige, der mit organisatorischem Einsatz und finanziellen Investitionen dazu beiträgt, dass Informationen generiert und/oder verbreitet werden, hat regelmäßig ein Interesse daran, diese Informationen zunächst ausschließlich selbst zu nutzen und auszuwerten."

49 *Zieger/Smirra*, MMR 2013, 418 (420) („relevante Verletzungen" als „Ausnahme"). *Wiebe*, CR 2014, 1 (1 f.), zeigt aber, dass es auch viele Big Data-Sachverhalte ohne automatisierte Messungen gibt und dass bei Big Data-Sachverhalten das sui generis-Schutzrecht hohe Relevanz besitzt (wenn auch nicht zum Schutz des Datenerzeugers). Ähnl. *Ehmann*, K&R 2014, 394 (395): „Die [...] ergangenen höchstrichterlichen Entscheidungen haben dem neuen Schutzrecht inzwischen erste Konturen verliehen. Dennoch hinkt die Bedeutung des Datenbankherstellerrechts in der Rechtspraxis der wirtschaftlichen Bedeutung von Daten als Wirtschaftsgut hinterher." Man könnte argumentieren, dass sie gerade wegen der Konturierung insbesondere durch *EuGH*, GRUR 2005, 244 – BHB/Hill, hinterherhinkt.

a)   Sammlung

Insbesondere bei automatisierten Messungen entsteht nicht nur eine nutzlose Ansammlung von Daten, sondern eine strukturierte Anordnung.[50] Die zu übermittelnden Dateien mit den Daten einzelner Geräte und erst recht Dateien, die durch das Zusammenführen von Daten mehrerer Geräte entstehen, sind damit jedenfalls als Sammlung zu qualifizieren.

b)   Von Werken, Daten oder anderen unabhängigen Elementen

Die Elemente dieser Sammlung sind die Daten als einzelne Messungen, also abgegrenzt auf der semantischen Ebene. Die gesetzgeberische Entscheidung, nicht auf die einzelnen Daten als Schutzgegenstand abzustellen, dürfte darauf zurückzuführen sein, dass man die (semantische) Information unbedingt gemeinfrei halten wollte.[51] Ein Ausschließlichkeitsrecht an den einzelnen Informationen (wie es zB für den Schutz tagesaktueller Nachrichten diskutiert wurde)[52] kann nicht gerechtfertigt werden. Einfacher wäre es aber gewesen, auf die einzelnen Daten abzustellen und diese auf Zeichenebene abzugrenzen.

Die Unabhängigkeit der Elemente, derer es bedarf, um die Sammlung als Datenbank zu qualifizieren, ist unproblematisch gegeben, ja geradezu ein Kennzeichen von Big Data-Sachverhalten, wo eine große Menge zunächst nicht für eine bestimmte Nutzung vorgesehener Daten gegebenenfalls erst später analysiert wird. Unabhängigkeit setzt ausgehend von der „Fixtures Marketing"-Rechtsprechung[53] voraus, dass die einzelnen Elemente für sich nutzbar sind. Dies trifft aber auch für jedes noch so unbedeutend scheinende Datum im Sinne einer Aussage zu, soweit es sich um eine sinnvoll strukturierte Informationseinheit,[54] also um eine Einheit mit semantischem Gehalt handelt.[55] Auch das Gesetz geht mit seiner Formulierung „Daten oder andere unabhängige Elemente" davon aus, dass

---

50   *Wiebe*, CR 2014, 1 (2).

51   *Thum/Hermes* in *Wandtke/Bullinger*, UrhR, 4. Aufl. 2014, § 87 a Rn. 26; *Ehmann*, K&R 2014, 394 (395): keine „Monopolisierung von (wichtigen) Informationen". *Wiebe* in *Spindler/Schuster*, Recht der elektronischen Medien, 3. Aufl. 2015, § 87 a Rn. 1.

52   Dazu *Prantl*, Die journalistische Information zwischen Ausschlussrecht und Gemeinfreiheit, 1983, 36 ff.

53   *EuGH*, GRUR 2005, 252 – Fixtures Marketing I; *EuGH*, GRUR 2005, 254 – Fixtures Marketing II; *EuGH*, GRUR Int 2005, 244 – Fixtures Marketing III.

54   *Thum/Hermes* in *Wandtke/Bullinger* (o. Fn. 51), § 87 a Rn. 13.

55   IdS. auch *Dreier* in *Dreier/Schulze*, UrhG, 5. Aufl., § 87 a Rn. 6.

zumindest semantisch bestimmte Daten automatisch auch Unabhängigkeit besitzen.

Mit dem Kriterium der Unabhängigkeit verstanden als unabhängige Nutzbarkeit kommt der Gütergedanke ins Spiel, dh nicht nur die Datenbank, sondern auch das einzelne Datum bzw. Element sollen selbstständige Güter darstellen. Damit zeigt sich das klassische Verständnis von Datennutzung, das hinter der Regelung steht: Sammeln und Aufbereiten gehen Hand in Hand und liefern als Ergebnis eine Sammlung von durch Nutzer ohne Weiteres wahrnehmbaren und so nutzbaren Daten. Das Big Data-Paradigma ist dem jedoch genau entgegengesetzt: Auch unbedeutendste Rohdaten stellen bereits Güter dar, die jedoch nur durch die spätere Analyse genutzt werden können.[56]

c)   Systematische oder methodische Anordnungen

Datenbanken bedürfen einer systematischen oder methodischen Anordnung innerhalb der Sammlung, um die einzelnen Daten auch nutzen zu können. Diese niedrige Hürde ist übersprungen, wenn das einzelne Datum so abgelegt ist, dass es wieder aufgefunden werden kann.[57] Deshalb erschöpft sich die Vorgabe dieses Merkmals darin, dass die Daten nicht so zusammengestellt werden dürfen, dass ihr semantischer Gehalt verloren geht. Dass eine Ansammlung von Daten aber derart angeordnet wird, dass die Sammlung en gros nutzlos wird, ist schwer vorstellbar und das Erfordernis einer systematischen oder methodischen Strukturierung damit ein „de minimis-Kriterium".[58]

2.   Schutzvoraussetzung der wesentlichen Investitionen

Mit der Verwendung der Investition als Tatbestandsmerkmal steht der sui generis-Schutz dem wettbewerbsrechtlichen Leistungsschutz sehr nahe, ohne aber dessen Flexibilität zu besitzen.[59] Der Hauptgrund, warum der sui generis-Schutz für Big Data-Anwendungen so gut wie keine Wirkung entfalten konnte, dürfte in

---

56   *Neumann*, DANA 2011, 44: „Es gibt kein belangloses Datum mehr!"
57   *Dreier* in *Dreier/Schulze* (o. Fn. 55), § 87 a Rn. 7; *Thum/Hermes* in *Wandtke/Bullinger* (o. Fn. 51), § 87 a Rn. 21; *Auer-Reinsdorff* in *Conrad/Grützmacher*, Recht der Daten und Datenbanken im Unternehmen, 2014, 205, 213 f.
58   *Thum/Hermes* in *Wandtke/Bullinger* (o. Fn. 51), § 87 a Rn. 24.
59   *Ehmann*, K&R 2014, 394 (399); vgl. *Leistner*, in *Teplitzky/Peifer/Leistner*, GK-UWG, 2. Aufl. 2013, § 4 Nr. 9 Rn. 84, 131.

der durch den *EuGH* in den Entscheidungen „BHB/Hill" und „Fixtures Marketing I–III" vorgenommenen Beschränkung auf Investitionen in vorhandene Daten liegen.[60] Damit scheiden Datenerzeuger als Rechtsträger aus. Obwohl eine Eingrenzung des sehr offen formulierten Schutzrechts begrüßenswert ist, leuchtet der Ausschluss von Investitionen in die Datenerzeugung aber nicht ein.[61] Das Erzeugen von Daten hätte unproblematisch als Beschaffung ausgelegt werden können.

Ein weiteres Problem ergibt sich aus der Frage, ob Nebenprodukte unternehmerischer Tätigkeit („spin offs") überhaupt Gegenstand der erforderlichen Investitionen sein können.[62] Ein wesentliches Merkmal von Industrie 4.0-Sachverhalten liegt gerade darin, dass die Daten sozusagen „nebenbei" anfallen. Der *BGH* hat jedoch in seiner „Autobahnmaut"-Entscheidung[63] einen Fall zu beurteilen gehabt, in dem die Datenbank nur als Nebenprodukt zu qualifizieren ist und das Vorliegen wesentlicher Investitionen in die Beschaffung der Daten bejaht.

Unabhängig davon, ob Nebenprodukte unternehmerischen Handelns erfasst sind, werden mit dem Tatbestandsmerkmal wesentlicher Investitionen auf jeden Fall Verbraucher vom Schutz ausgeschlossen.[64] Dies erscheint bei Big Data-Sachverhalten problematisch. Wie noch zu zeigen sein wird, könnte man auch einen Schutz für Datenerzeuger skizzieren, der nicht an Investitionen anknüpft (sei es in die Erzeugung oder in die Sammlung von Daten) und damit auch Verbraucher als potenzielle Rechtsträger erfasst.

---

60 *EuGH*, GRUR 2005, 244 – BHB/Hill; *EuGH*, GRUR 2005, 252 – Fixtures Marketing I; *EuGH*, GRUR 2005, 254 – Fixtures Marketing II; *EuGH*, GRUR Int 2005, 244 – Fixtures Marketing III. Dazu *Leistner*, JZ 2005, 408 (409); *Lehmann* in *Conrad/Grützmacher* (o. Fn. 57), 133, 138 ff.; *Ehmann*, K&R 2014, 394 (397 f.); *Wiebe*, CR 2014, 1 (4).

61 *Hoeren*, MMR 2005, 34 (35); *Leistner* in *Derclaye*, Research Handbook on the Future of EU Copyright, 2009, 427, 438; *Ehmann*, K&R 2014, 394 (397): „Nach dem natürlichen Wortsinn ist die Neugewinnung von Daten ebenso eine Form des Beschaffens wie der Erwerb von Daten."

62 Vgl. *Dreier* in *Dreier/Schulze* (o. Fn. 55), § 87 a Rn. 13; *Ehmann*, K&R 2014, 394 (397 f.).

63 *BGH*, GRUR 2010, 1004 – Autobahnmaut.

64 Denkbar wäre allerdings von einer Investition der Verbraucher auszugehen, wenn ihnen wird für die Generierung von Daten (Nutzung eines nicht datenfreien Geräts) ein Vorteil gewährt wird. Diese Investition müsste ein solches Ausmaß angenommen haben, dass ein eigenständiges Wirtschaftsgut entstanden ist (vgl. *Auer-Reinsdorff* in *Conrad/Grützmacher* [o. Fn. 57], 205, 215 f.), was auch für die Rohdaten zutrifft.

3.   Schutzwirkung

Auf der Ebene der Schutzwirkung spiegelt sich das Schutzobjekt Datensammlung wider. Einzelne Elemente sind nicht geschützt. Erforderlich ist, dass quantitativ (Datenvolumen) oder qualitativ (Investitionsvolumen) wesentliche Teile entnommen werden. Allerdings kann hier die Alternative der wiederholten und systematischen Nutzungen, die einer normalen Auswertung der Datenbank zuwiderlaufen oder die berechtigten Interessen des Datenbankherstellers unzumutbar beeinträchtigen, helfen.[65] Für eine relevante Entnahme genügt es, dass die Summe der Entnahmen unterhalb der Wesentlichkeitsschwelle bleibt, aber die fortlaufenden Entnahmehandlungen auf die Entnahme wesentlicher Teile gerichtet sind und im Falle ihrer Fortsetzung dazu führen würden, dass wesentliche Teile entnommen werden.[66]

Schwierigkeiten entstehen auch dadurch, dass in Deutschland für die Definition der zugewiesenen Nutzungshandlungen Rückgriff auf die urheberrechtlichen Begriffe Vervielfältigung, Verbreitung und öffentliche Wiedergabe genommen wurde. Damit ist die eigentliche Analyse von Daten nicht ausdrücklich erfasst, wenn auch für eine solche Analyse notwendig Speicherungen und damit Vervielfältigungen vorgenommen werden müssen.[67] Die Richtlinie spricht hingegen von Entnahme und Weiterverwendung und erfasst damit unproblematisch auch die Analyse selbst.

VII.   Weitergehende Ansätze

In der juristischen Diskussion gibt es auch Vorschläge für Rechte an Daten, die bereits bei der Erzeugung eingreifen. De lege lata wird vor allem der strafrechtliche Schutz von Daten als Anknüpfungspunkt für ein solches Recht gesehen, aber auch eine Nutzung der Generalklausel des § 823 I BGB („sonstige Rechte"). De lege ferenda wurde ebenfalls bereits über die Schaffung von Rechten an Daten nachgedacht, wobei Vorschläge zur Schaffung neuer Regelungen möglicherweise auch de lege lata durch einen entsprechenden lauterkeitsrechtlichen Leistungsschutze umgesetzt werden können. Abschließend soll in Umrissen ein mögliches Recht des Datenerzeugers vorgestellt werden.

---

65   *Auer-Reinsdorff* in *Conrad/Grützmacher* (o. Fn. 57), 205, 219.
66   *BGH*, GRUR 2011, 724 (726 f.) – Zweite Zahnarztmeinung II.
67   Daher sieht *Wiebe*, CR 2014, 1 (5 f.), hier kein Problem.

1.   Daten als sonstiges Recht iSd § 823 I BGB

Ein Recht am Datenbestand als sonstiges Recht iSd § 823 I BGB wird von zahlreichen Kommentatoren anerkannt.[68] Um den Schutz nicht ausufern zu lassen, wird auch vorgeschlagen, den Schutz entsprechend der Einschränkung beim Datenbankherstellerschutz auf Datensammlungen von erheblicher Bedeutung zu beschränken, die durch erhebliche Nachteile bei der Verletzung gekennzeichnet sind.[69] Dieses Recht soll dem Speichernden einen vom Eigentum am Datenträger unabhängigen Integritätsschutz der Daten gewährleisten. Als Schutz gegen Löschung oder Veränderung hat ein solches Recht große Bedeutung. Soweit ersichtlich wird aber die Vervielfältigung oder Nutzung (insbesondere durch Analyse) der gespeicherten Daten nicht als Verletzung eines solchen Rechts gesehen.[70] Auch ergeben sich aus der Anerkennung als deliktisch geschützte Position noch kein wirtschaftlicher Zuweisungsgehalt und keine übertragbare Rechtsposition.

Ein ähnlicher Ansatz qualifiziert das vom *BVerfG* anerkannte Grundrecht auf Gewährleistung der Vertraulichkeit und Integrität informationstechnischer Systeme[71] als sonstiges Recht iSd § 823 I BGB.[72] Hier könnte auch die wirtschaftliche Nutzung ohne Beeinträchtigung der Integrität eine Verletzung darstellen. Allerdings handelt es sich bei dem neuen Computergrundrecht im Kern um einen Persönlichkeitsschutz, der auch eine besondere Persönlichkeitsrelevanz des informationstechnischen Systems voraussetzt.

68   *Meier/Wehlau*, NJW 1998, 1585 (1588 f.); *Spindler* in *Bamberger/Roth*, BGB, 3. Aufl. 2012, § 823 Rn. 93; *Schaub* in *Prütting/Wegen/Weinreich*, BGB, 10. Aufl. 2015, § 823 Rn. 80; *Medicus/Lorenz*, Schuldrecht II, 17. Aufl. 2014, Rn. 1308; *Hoeren/Völkel*, FS Krawietz, 2013, 603 (610); *Bartsch* in *Conrad/Grützmacher* (o. Fn. 57), 297, 298 ff. Abl. *Hager* in *Staudinger*, BGB, Neubearb. 2015, § 823 Rdnr. B 192; *Spickhoff* in *Leible/Lehmann/Zech*, Unkörperliche Güter im Zivilrecht, 2011, 233, 243 ff. Beschränkt auf verkörperte Daten befürworten die Qualifikation als eigenes sonstiges Recht *Faustmann*, VuR 2006, 260 (262 f.); *Mantz*, K&R 2007, 566 (567); *Spindler* in *Leible/Lehmann/Zech* (o. Fn. 68), 261, 277 f.
69   *Bartsch* in *Conrad/Grützmacher* (o. Fn. 57), 297, 301 f.
70   *Ohly* in *Vieweg/Gerhäuser*, Digitale Daten in Geräten und Systemen, 2010, 123, 135.
71   *BVerfGE* 120, 274 = NJW 2008, 822.
72   *Bartsch*, CR 2008, 613 (614 ff.).

2.   Dateneigentum analog § 903 BGB auf Grundlage des strafrechtlichen
       Schutzes von Daten

Weitergehend wird auch ein Dateneigentum analog § 903 BGB auf Grundlage
des strafrechtlichen Schutzes (insbesondere § 303 a StGB) vertreten.[73] Mit der
Strafbarkeit des Ausspähens von Daten nach § 202 a StGB und der Datenveränderung nach § 303 a StGB schützt das Strafrecht sowohl den ausschließlichen
Zugang zu Daten als auch die Integrität von Daten. Unproblematisch sind diese
Normen als Schutzgesetze iSd § 823 II BGB zu qualifizieren. Auch die Übertragbarkeit der strafrechtlich geschützten Rechtsposition wird bejaht,[74] so dass
man auch einen wirtschaftlichen Zuweisungsgehalt annehmen kann.

   Bei der Bestimmung des Rechtsinhabers, die auch das Strafrecht nicht ausdrücklich vornimmt, hat die Strafrechtsdogmatik Vorbildfunktion. Durchgesetzt
hat sich die Bestimmung anhand des so genannten Skripturakts.[75] Berechtigter ist
demnach derjenige, der die Speicherung der Daten selbst unmittelbar bewirkt
hat. Ebenso wie bei der Bestimmung des Verarbeiters nach § 950 BGB, ist jedoch in Auftragsverhältnissen bzw. beim weisungsgebundenen Skribenten auf
den Auftrag- bzw. Weisungsgeber abzustellen.[76] Wer die Speicherung bewirkt
hat und damit Berechtigter sein soll, ist damit nach wirtschaftlichen Gesichts-
punkten zu ermitteln.

   Der strafrechtliche Schutz vor Datenveränderung ist auch Ausgangspunkt für
den Vorschlag eines zivilrechtlichen Dateneigentums in Analogie zu § 903
BGB.[77] Der Rechtsinhaber wird dabei anhand des Skripturakts verstanden als
Erzeugung von Daten, zB durch einen Aufnahmevorgang, bestimmt.[78] Damit

---

73   *Hoeren*, MMR 2013, 486; *ders.* in *Conrad/Grützmacher* (o. Fn. 57), 303, 306 ff. Ähnl.
      ohne Rückgriff auf den strafrechtlichen Schutz *Wagner*, Binäre Information als Gegen-
      stand des Rechtsverkehrs, 2000, 177 ff.; *Beurskens* in *Domej/Dörr/Hoffmann-Nowotny*
      ua, Einheit des Privatrechts, komplexe Welt, 2009, 443, 457 ff.
74   Für § 202 a StGB *Fischer*, StGB, 62. Aufl. 2015, § 202 a Rn. 7a; *Schmitz*, JA 1995, 478;
      Dauster/Braun, NJW 2000, 313 (315). Für § 303 a StGB *Lenckner/Winkelbauer*, CR
      1986, 824 (829); vgl. *Stieper*, AfP 2010, 217 (220 ff.), zum ferngesteuerten Löschen von
      E-Books durch den Anbieter.
75   Vgl. *OLG München*, JR 1994, 476 (477); *Welp*, iur 1988, 443 (447); *Schmitz*, JA 1995,
      478; *Hilgendorf*, JuS 1996, 509 (893); *Popp*, JuS 2011, 385 (386). Der Begriff Skriptur-
      akt wurde von *Welp*, iur 1988, 443 (447), für die Zuordnung bei § 303 a StGB eingeführt.
76   *Welp*, iur 1988, 443 (448); *Lenckner/Winkelbauer*, CR 1986, 824 (829); *Hilgendorf*, JR
      1994, 478 (479).
77   *Hoeren*, MMR 2013, 486.
78   Skribent als derjenige, der „durch Eingabe oder Ausführung eines Programms Daten
      selbst erstellt", *Hoeren*, MMR 2013, 486 (487). Bei *Welp*, iur 1988, 443 (447), finden
      sich noch die Formulierungen „Eingabe der zu speichernden oder zu übermittelnden Da-

knüpft der Vorschlag nicht an das einfache Abspeichern von Daten, sondern an das darüber hinaus gehende Erzeugen bzw. Schaffen von Daten durch Aufnahmen oder Rechenvorgänge an.

Die Schwierigkeit dieses Ansatzes besteht darin, den genauen Schutzumfang zu ermitteln. Klar abgegrenzt sind nur die strafrechtlichen Tatbestände. Konstruiert man jedoch ein auf diesen basierendes aber über sie hinausgehendes zivilrechtliches Dateneigentum, stellt sich die Frage nach den zugewiesenen Befugnissen (insbesondere auch, ob die Analyse als Nutzungshandlung unter dieses Recht fällt). Eine Analogie zu § 903 BGB ist hier aber abzulehnen, da diese Regelung wesentlich auf der Körperlichkeit der zugewiesenen Sachen (§ 90 BGB) basiert. Durch die Exklusivität und Rivalität der Nutzung von Sachen erhält die ihrem Wortlaut nach allumfassende Zuweisung des § 903 BGB erst Konturen (und umfasst richtigerweise zB nicht die Abbildung von Sachen).[79] Dies trifft aber auf Daten gerade nicht zu, so dass es an der für eine Analogie erforderlichen Vergleichbarkeit der Lebenssachverhalte fehlt.

3.　　Recht des Datenerzeugers de lege ferenda

Nach der Analyse der bestehenden Rechtslage stellt sich die Frage, ob nicht ein echtes Datennutzungsrecht geschaffen werden sollte. Im Folgenden soll so knapp wie möglich skizziert werden, wie ein solches Datenerzeugerrecht aussehen könnte.[80] Dabei soll auf Schutzgegenstand, Voraussetzungen, Inhaberschaft, Schutzumfang, Schranken, Übertragbarkeit, Konkurrenzen und zuletzt auch die Frage der Rechtfertigung eingegangen werden.

Als Schutzgegenstand bietet es sich an, maschinenlesbar codierte Information heranzuziehen, die unabhängig von ihrem Inhalt nur durch die sie repräsentierenden Zeichen (Bits) abgegrenzt wird (Daten, abgegrenzt auf syntaktischer Ebene).

Schutzvoraussetzung wäre dann das einfache Erzeugen der Daten, also die Schaffung durch automatisierte Messvorgänge, geistige Tätigkeit oder schlichte Rechenleistung. Denkbar wäre auch eine Einschränkung auf Messvorgänge, um geistige Schöpfungen ganz auszunehmen und auch das Problem digitaler Güter, die durch Rechenleistung erzeugt werden (insbesondere Bitcoins), gesondert zu

---

ten" bzw. „derjenige, der die Daten erzeugt, also ihre Speicherung oder Übermittlung selbst bewirkt hat".
79　*Zech* (o. Fn. 22), 276 ff.
80　S. auch *Zech*, CR 2015, 137 (144 ff.).

Herbert Zech

regeln. Im geltenden Recht finden sich vergleichbare Regelungen mit dem Schutz des Lichtbildners (§ 72 UrhG) und des Tonträgerherstellers (§ 85 UrhG).

Die Inhaberschaft des Rechts würde anknüpfen an das wirtschaftlich verantwortliche Betreiben von Geräten, die Daten erzeugen.[81] Das Abstellen auf den wirtschaftlich zu bestimmenden Erzeuger findet Parallelen in der Bestimmung des Verarbeiters nach § 950 BGB oder des Skribenten strafrechtlich geschützter Daten bei § 202 a StGB und § 303 a StGB. Kein Unterschied sollte zwischen einer Datenerzeugung im Rahmen unternehmerischen Handelns und durch Verbraucherhandeln gemacht werden.[82]

Der Schutzumfang würde insbesondere die Nutzung durch statistische Analyse umfassen, nicht jedoch das erneute Schaffen derselben Daten durch unabhängige Messung. Hier findet sich eine Parallele in dem bereits angesprochenen Art. 19 II GGV.

Bei den Schranken ist dem Interesse der Gemeinfreiheit besonderes Augenmerk zu widmen. Zwar sollte das Recht auch Privaten zustehen. Sinnvoll erscheint aber, Schutz nur gegen gewerbliche Verletzungen zu gewähren. Das bloße Ermöglichen des privaten Gebrauchs wie beim Datenbankherstellerrecht nach § 87 c I Nr. 1 UrhG erscheint zu eng. Hier bietet sich eine Formulierung an, wie sie zB § 11 Nr. 1 PatG oder § 40 Nr. 1 DesignG verwenden. Möglicherweise ist das kumulative Erfordernis des „privaten Bereichs" der räumlich nicht mehr abgrenzbaren Datenwelt anzupassen. Auch eine Wissenschaftsschranke vergleichbar § 87 c I Nr. 2 UrhG erscheint sinnvoll.

81 Ähnl. *Maximilian Becker*, persönliche Mitteilung, der darauf hinweist, dass dies auch dazu führt, dass zu einem zu einem Gleichlauf mit dem Schutz von Unternehmensgeheimnissen des Maschinenbetreibers führt, der „i.d.R. den größten Anteil an der Datenerzeugung hat".
82 Ähnlich *Hoeren*, MMR 2013, 486 (487); *Hornung/Goeble*, CR 2015, 265 (271). Anders *Maximilian Becker*, persönliche Mitteilung, der stattdessen ein „Recht auf datenerhebungsfreie Produkte" für Verbraucher empfiehlt und ein Datennutzungsrecht nur bei Unternehmern entstehen lassen möchte. Argument: „Es spricht gegen eine Zuweisungsentscheidung, wenn der Berechtigte prinzipiell keine Verwendung für das zugewiesene Lebensgut hat, es also nur zum Zwecke der Veräußerung zugewiesen wird." Allerdings trifft dies zB auch für Patente zu, die einem Konstruktionsbüro erteilt werden. *Hornung/Goeble*, CR 2015, 265 (272), sehen politische Probleme: „So könnte der Gesetzgeber beispielsweise versucht sein, die traditionellen (deutschen) Kfz-Hersteller dadurch vor einem drohenden Bedeutungsverlust zu schützen, dass er ihnen die exklusive Nutzungsbefugnis an anonymisierten fahrzeugbezogenen Daten und das Recht zuweist, diese auf den entstehenden Datenmarktplätzen an Dritte zu veräußern. Auf den ersten Blick würde eine solche exklusive Zuweisung die Position der Hersteller stärken und ihnen eine gute Verhandlungsposition für die Preisbildung geben. Bei näherem Hinsehen ist dies jedoch weniger sicher, wenn es um Verhandlungen mit weltweit operierenden Interessenten geht."

Das Recht sollte übertragbar ausgestaltet sein, da die Schaffung von Märkten für Daten einen der Hauptzwecke des neuen Rechts darstellt. Da aber ein weiterer Hauptzweck (wenn nicht gar der entscheidende) in einer fairen und effizienten Zuweisung des Datennutzens liegt, wird man sich im Rahmen des Vertragsrechts überlegen müssen, ob man der Zuweisung an den Erzeuger Leitbildfunktion zumisst und die gegenleistungslose Übertragung durch Klauseln einschränkt. Eine entsprechende Gegenleistung wird man dann aber auch in einem Angebot besserer oder günstigerer Leistungen anerkennen müssen.[83]

Schließlich werden auch Konkurrenzfragen zu bestehenden Rechten, insbesondere dem Datenschutz, zu klären sein. Hier wird man von einem Nebeneinander der verschiedenen Zuweisungsordnungen ausgehen müssen. Jedenfalls kann ein Recht des Datenerzeugers den Schutz der Betroffenen nicht verdrängen.

Damit stellt sich abschließend die Frage, ob ein solches Recht geschaffen werden sollte oder nicht. Einerseits gibt es erhebliche Bedenken wegen der resultierenden Einschränkung der Gemeinfreiheit. Andererseits könnte man wie bei den klassischen Rechten des geistigen Eigentums mit dem Anreiz, Daten zu erzeugen und zu offenbaren (und dadurch mittelbar Innovationen zu fördern, die durch die Nutzung von Daten ermöglicht werden) und mit der Schaffung von Märkten für ansonsten nicht oder nur mit höheren Transaktionskosten handelbare Informationsgüter argumentieren. Ein weiterer wesentlicher Aspekt scheint aber darin zu liegen, dass durch eine solche gesetzliche Regelung klar bestimmt würde, wer von dem Nutzen profitiert. Damit würde verhindert, dass diese Frage durch den Bau möglichst schwer auszulesender Maschinen oder andere Mechanismen faktischer Exklusivität beantwortet würde. Dies spart nicht nur Kosten, sondern würde eine Transparenzkultur, wie sie „open data" vorschwebt, sogar fördern. Das Datenerzeugerrecht hätte dann für „open data" die gleiche Funktion wie das Urheberrecht für „open source" und „open content".

VIII. Ausblick und Fazit

Datenschutz und mögliche Datennutzungsrechte dienen unterschiedlichen Zwecken. Datennutzungsrechte können einen Markt für Daten ermöglichen und so beim Aufbau einer Datenwirtschaft helfen. Die Schaffung eines Rechts des Datenerzeugers ist dabei zumindest erwägenswert. Vorzugsweise sollte ein einheit-

---

83 Mögliche Vertragsmodelle: Preisgestaltung mit zwei verschiedenen Preisen (einmal ohne einmal mit Übertragung zukünftiger Rechte an den erzeugten Daten), Leasingvertrag (wirtschaftlicher Betreiber ist der Leasingnehmer), Mietvertrag (wirtschaftlicher Betreiber ist der Vermieter).

liches Recht geschaffen werden, unabhängig davon, ob Unternehmer oder Verbraucher als Datenerzeuger agieren. Eine breite gesellschaftliche Diskussion und
die Klärung durch gesetzgeberisches Handeln sind wegen der wirtschaftlichen
Bedeutung und der enormen Auswirkungen eines solchen Rechts wünschens-
wert.

Kartellrecht und Datenschutzrecht – Verhältnis einer „Hass-Liebe"?

*Rechtsanwalt Prof. Dr. Hans-Georg Kamann**

Inhalt

I.	Einführung	60
II.	Das Verhältnis von Kartellrecht und Datenschutzrecht	61
III.	Materielles Kartell- und Datenschutzrecht im Vergleich	64
	1. Rechtsgrundlagen	64
	2. Schutzzweck: Verbraucherschutz vs. Binnenmarkt	65
	3. Verbotsprinzip	68
	4. Anwendungsbereich	69
	a) Persönlicher Anwendungsbereich	69
	b) Territorialer Anwendungsbereich	71
IV.	Durchsetzungsysteme des Kartell- und Datenschutzrechts im Vergleich	73
	1. Öffentliche Rechtsdurchsetzung	73
	2. Private Rechtsdurchsetzung	76
V.	Schlussbetrachtung	78

Hans-Georg Kamann

I. Einführung

Das Thema „Daten und Wettbewerb" als ein zunehmend bedeutendes Problem der digitalen Wirtschaft und insbesondere Internets ist sowohl bei Ökonomen als auch bei Juristen seit einiger Zeit in aller Munde[1] – und daher ein wohlgewählter Obertitel der vorliegenden Tagung. Das Thema „Kartellrecht und Datenschutzrecht" als spezifischer Aspekt der Tagung ist dagegen sowohl Kartellrechtlern als auch Datenschutzrechtlern auf den ersten Blick weniger eingängig. Zunehmende Aufmerksamkeit hat es insbesondere jüngst durch den Beschluss der Europäischen Kommission („Kommission") zur bedingungslosen Freigabe der Übernahme von *WhatsApp* durch *Facebook* aus dem Oktober 2014 („*Facebook/WhatsApp*-Beschluss")[2] und der Eröffnung eines Verwaltungsverfahrens durch das Bundeskartellamt („BKartA") gegen *Facebook* wegen des Verdachts auf Marktmachtmissbrauch durch Datenschutzverstöße im März 2016[3] erhalten.[4]

Gleichzeitig ist am 24. Mai 2016 die neue Datenschutz-Grundverordnung[5] („DSGVO") in Kraft getreten, die ab ihrem Geltungsbeginn am 25. Mai 2018 (Art. 99 Abs. 2) die bisherige Datenschutz-Richtlinie 95/46/EG[6] („RL 95/46") ablöst und einen neuen soliden, kohärenteren und klar durchsetzbaren Rechts-

---

* RA Prof. Dr. Hans-Georg Kamann ist Partner bei WilmerHale in Frankfurt am Main und Brüssel, Honorarprofessor an der Universität Passau und Direktor des Centrums für Europarecht an der Universität Passau. Der Autor dankt Herrn Robin Miller für die Mitarbeit an der Fertigstellung dieses Beitrags.

1 Vgl. als Beispiele offizieller Stellungnahmen Bundesministerium für Wirtschaft und Energie, Grünbuch Digitale Plattformen, Stand Mai 2016, verfügbar unter https://www.bmwi.de; Monopolkommission, 20. Hauptgutachten, Eine Wettbewerbsordnung für die Finanzmärkte, S. 58 ff. sowie Sondergutachten 68, Wettbewerbspolitik: Herausforderung digitale Märkte, 2015, beides verfügbar unter http://www.monopol kommission.de; Bundeskartellamt, Arbeitspapier: Markmacht von Plattformen und Netzwerken, Juni 2016, verfügbar unter http://www.bundeskartellamt.de; und aus der jüngeren Literatur z.B. Körber, WuW 2015, 120; Schepp/Wambach, Journal of European Competition Law & Practice 2016, 120; Kadar, ZweR 2015, 342.

2 Kommission, Beschluss vom 3. Oktober 2014, COMP/M.7217 – Facebook/WhatsApp, C(2014) 7239 final.

3 Vgl. die Pressemitteilung des BKartA vom 2. März 2016, verfügbar unter http://www.bundeskartellamt.de/SharedDocs/Meldung/DE/Pressemitteilungen/2016/02_03_2016_Facebook.html.

4 Vgl. z.B. Körber, NZKart 2016, 303; Bischke/Brack, NZG 2016, 502; Wiedmann/Jäger, K&R 2016, 217; Telle, WRP 2016, 814; Klotz, WuW 2016, 58.

5 Verordnung (EU) 2016/679 zum Schutz natürlicher Personen bei der Verarbeitung personenbezogener Daten, zum freien Datenverkehr und zur Aufhebung der Richtlinie 95/46/EG (Datenschutz-Grundverordnung), ABl. 2016 L 119, S. 1.

6 Richtlinie 95/46/EG zum Schutz natürlicher Personen bei der Verarbeitung personenbezogener Daten und zum freien Datenverkehr, ABl. 1995 L 281, S. 31.

rahmen zur Durchsetzung eines gleichmäßigen und hohen Datenschutzniveaus in der Union und zur Schaffung von mehr Rechtssicherheit und Transparenz für die Wirtschaftsteilnehmer im Binnenmarkt, insbesondere grenzüberschreitend tätiger Internetunternehmen, bereitstellen soll.[7]

Vor diesem Hintergrund versucht der vorliegende Beitrag, sich der neuen Thematik „Kartellrecht und Datenschutzrecht" aus drei bislang nur kursorisch betrachteten Perspektiven zu nähern. Erstens wird er kurz den aktuellen Stand der Diskussion zum Verhältnis von Kartellrecht und Datenschutzrecht aufarbeiten (dazu unter II.), zweitens einige maßgebliche Grundkonzepte des Kartell- und Datenschutzrechts vergleichen (dazu unter III.), drittens die Systeme der öffentlichen und privaten Durchsetzung des Kartell- und Datenschutzrechts gegenüberstellen (dazu unter IV.) und endet mit einer kurzen Schlussbetrachtung (dazu unter V.).

II. Das Verhältnis von Kartellrecht und Datenschutzrecht

Insbesondere aus der Perspektive der Wettbewerbspolitiker und Kartellrechtler sind die Disziplinen des Kartell- und Datenschutzrechts traditionell als getrennte Rechtsgebiete betrachtet worden:

So urteilte der Europäische Gerichtshof („EuGH") 2006 in der Rechtssache *ASNEF* in einem Fall, der ein System zum Informationsaustausch zwischen Finanzinstituten bezüglich der Zahlungsfähigkeit von Kunden zum Gegenstand hatte, grundlegend, dass „etwaige Fragen im Zusammenhang mit der Sensibilität personenbezogener Daten, die als solche nicht wettbewerbsrechtlicher Natur sind, nach den einschlägigen Bestimmungen zum Schutz solcher Daten zu beantworten" seien.[8] Diese Aussage wurde so interpretiert, dass Datenschutzfragen zuallererst durch das Datenschutzrecht zu lösen sind, das Kartellrecht hierzu dagegen ungeeignet ist.[9]

Dementsprechend zurückhaltend äußerte sich die Kommission in ihrer Fallpraxis zu kartell- und datenschutzrechtlichen Verknüpfungen. So prüfte sie 2008 in ihrem Beschluss zur Freigabe der Übernahme von *DoubleClick* durch *Google* („*Google/DoubleClick*-Beschluss") keine datenschutzrechtlichen Fragen, sondern stellte lediglich fest, dass der *Google/DoubleClick*-Beschluss ausschließlich

---

7 Vgl. 7, 10 und 13 Erwägungsgrund DSGVO.
8 EuGH, ASNEF, C-238/05, EU:C:2006:734, Rdnr. 63.
9 Vgl. Moonen, Competiton Law and Data, Global Competition Law Centre, 14. September 2015, verfügbar unter https://www.coleurope.eu/research/global-competition-law-centre/lunch-talk-series.

auf der Grundlage der europäischen Wettbewerbsregeln erging, die europäischen Datenschutzvorschriften nach der RL 95/46 unberührt blieben und das fusionierte Unternehmen die Grundrechte auf Privatleben und Datenschutz entsprechend achten müsse.[10] Im folgenden *Facebook/WhatsApp*-Beschluss bestätigte die Kommission diese Haltung und stellte zusammenfassend fest, dass sie „[i]m Rahmen ihrer Untersuchung (…) Aspekte einer eventuellen Datenkonzentration nur auf eine potenzielle Beeinträchtigung des Wettbewerbs auf dem Markt für Online-Werbung hin geprüft [habe]" und dass „(d)atenschutzspezifische Bedenken, die sich aus dem Umstand ergeben, dass nach dem geplanten Zusammenschluss größerer Datenmengen unter der Kontrolle von Facebook stehen, […] nicht in den Anwendungsbereich des EU-Wettbewerbsrechts (fallen)".[11]

Und während der ehemalige Wettbewerbs-Kommissar *Almunia* in einem Vortrag 2012 darauf aufmerksam gemacht hatte, dass Wettbewerbspolitik wachsam gegenüber der Auswirkungen der Nutzung von Daten sein müsse, da marktbeherrschende Unternehmen versucht sein könnten, das zur Erlangung von Vorteilen gegenüber seinen Wettbewerbern Datenschutzrechte zu verletzen,[12] stellte die jetzige Wettbewerbs-Kommissarin *Vestager* noch Anfang 2016 fest, dass sie nicht glaube, dass die Wettbewerbsdurchsetzung benötigt werde, um Datenschutzprobleme zu beheben.[13]

Demgegenüber ist – zunächst aus Kreisen der Datenschützer, inzwischen auch in Kreisen der Wettbewerbspolitik – zuletzt zunehmend die Forderung erhoben worden, auf eine stärkere Verzahnung der Durchsetzung von Daten- und Verbraucherschutzrechten und Kartellrecht hinzuwirken:

So schlug der Europäische Datenschutzbeauftragte in Reaktion auf den *Facebook/WhatsApp*-Beschluss der Kommission vor, ein Konzept des Verbraucherschadens durch Verletzung des Datenschutzrechts zur Wettbewerbsdurchsetzung im digitalen Sektor zu entwickeln.[14] Jüngst hat sich auch der EuGH-

---

10 Kommission, Beschluss vom 11. März 2008, COMP/M.4731 – Google / DoubleClick, C(2008) 927 final, Rdnr. 368.
11 Kommission, Beschluss vom 3. Oktober 2014, COMP/M.7217 – Facebook / WhatsApp, C(2014) 7239 final, Rdnr. 164.
12 Almunia, Competition and personal data protection, Rede im Rahmen des Privacy Platform event: Competition and Privacy in Markets of Data, 26. November 2012, S. 3, verfügbar unter http://europa.eu/rapid/press-release_SPEECH-12-860_en.htm (zuletzt abgerufen am 18. April 2016).
13 Vestager, Competition in a big data world, Rede im Rahmen der Konferenz Digital Life Design in München, 18. Januar 2016, S. 3, verfügbar unter https://ec.europa.eu/commission/2014-2019/vestager/announcements/competition-big-data-world_en (zuletzt abgerufen am 18. April 2016).
14 Europäischer Datenschutzbeauftragter, Privacy and competitiveness in the age of big data, Preliminary Opinion, März 2014, Rdnr. 71, verfügbar unter https://secure.edps euro

Kammervorsitzende *von Danwitz* dahingehend geäußert, dass die Entwicklung der Digitalisierung Herausforderungen aufwerfe, die sowohl durch eine wirksame Anwendung des Wettbewerbsrechts der Union (insbesondere zur Verhinderung von Marktmissbräuchen) als auch durch einen wirksamen datenbezogenen Grundrechtsschutz addressiert werden müssten.[15]

Auch in der rechtswissenschaftlichen Literatur wurden die Verzahnungen zwischen Kartell- und Datenschutzrecht zuletzt verstärkt problematisiert und gefordert, dass datenschutzrechtliche Grundsätze und Kriterien als interne und externe Maßstäbe zur Konkretisierung allgemeiner kartellrechtlicher Rechtsbegriffe und Begrenzung kartellrechtlichen Handelns herangezogen werden sollten.[16] Gleichzeitig könnte die Einhaltung von Datenschutzregeln durch die Durchsetzungsmöglichkeiten des Kartellrechts effektiviert werden.[17]

Kürzlich hat nun das BKartA erstmals ein Kartellverfahren wegen des Verdachts auf Marktmachtmissbrauch durch angebliche Datenschutzverstöße eröffnet. In seinem Verwaltungsverfahren gegen Facebook geht es der Frage nach, ob Facebook in den relevanten Märkten (nach vorläufiger Auffassung des BKartA insbesondere auf dem gesondert abzugrenzenden Markt für soziale Netzwerke) marktbeherrschend ist und durch die Ausgestaltung seiner Vertragsbestimmungen zur Verwendung von Nutzerdaten diese mögliche marktbeherrschende Stellung missbraucht.[18] Es ist davon auszugehen, dass in diesem Verfahren neben grundlegenden Fragen der Marktabgrenzung insbesondere auch Fragen der Anwendung des Datenschutzrechts, inbesondere den Voraussetzungen der Einwilligung nach Art. 7 lit. a) RL 95/46 i.V.m. dem gemäß Art. 4 Abs. 1 lit. a) RL

pa.eu/EDPSWEB/webdav/shared/Documents/Consultation/Opinions/2014/14-03-26_competitition_law_big_data_EN.pdf; Buttarelli, Competition Rebooted: Enforcement and personal data in digital markets, Keynote speech at Joint ERA-EDPS seminar, 24. September 2015, S. 1, verfügbar unter https://secure.edps.europa.eu/EDPSWEB/webdav/site/mySite/shared/Documents/EDPS/Publications/Speeches/2015/15-09-24_ERA_GB_EN.pdf.
15 von Danwitz, DuD 2015, 581, 584.
16 Vgl. z.B. Costa-Cabral/Lynskey, LSE Working Papers 25/2015, verfügbar unter http://eprints.lse.ac.uk/64887/. unter Bezugnahme auf EuGH, Urteil vom 6. Dezember 2012, AstraZeneca / Kommission, C-457/10 P, EU:2012:770, Rdnr. 105.
17 Graef/van Alsenoy, LSE Blog vom 23. März 2016, verfügbar unter http://blogs.lse.ac.uk/mediapolicyproject/2016/03/23/data-protection-through-the-lens-of-competition-law-will-germany-lead-the-way/.
18 Vgl. die Pressemitteilung des BKartA vom 2. März 2016, verfügbar unter http://www.bundeskartellamt.de/SharedDocs/Meldung/DE/Pressemitteilungen/2016/02_03_2016_Facebook.html.

95/46 anwendbaren nationalen Umsetzungsrecht[19] bzw. künftig Art. 7, 8 DSG-VO eine zentrale Rolle spielen werden.

All dies zeigt, dass trotz aller Vorbehalte inzwischen das Datenschutzrecht nicht nur in der Wettbewerbstheorie, sondern auch in der Kartellrechtspraxis Einzug gehalten hat und – insbesondere im Bereich der Digitalwirtschaft – nicht nur aufgrund faktischer Schnittstellen, sondern auch rechtlich eine bedeutendere Rolle spielen wird.[20]

III.   Materielles Kartell- und Datenschutzrecht im Vergleich

Tatsächlich sind Kartell- und Datenschutzrecht in vielerlei Hinsicht verschieden, haben aber auch zahlreiche nicht nur faktische, sondern auch rechtliche Berührungspunkte und Ähnlichkeiten. Dies gilt z.B. für ihre unionsverfassungsrechtlichen Grundregeln (dazu unter 1.), ihre Schutzzwecke (dazu unter 2.), ihr grundlegendes Verbotskonzept (dazu unter 3.) sowie ihren persönlichen und territorialen Anwendungsbereich (dazu unter 4.).

1.   Rechtsgrundlagen

Interessant ist, dass sowohl die Grundregeln des Kartellrechts als auch die des Datenschutzrechts als zwei der wenigen Rechtsbereiche des Unionsrechts originär unionsverfassungsrechtlicher Natur sind und sich unmittelbar aus dem Vertrag über die Arbeitsweise der Europäischen Union (AEUV) ergeben.

Während das europäische Wettbewerbsrecht, heute niedergelegt in Art. 101 ff. AEUV, bereits seit Gründung der Europäischen Wirtschaftsgemeinschaft 1957 maßgeblicher Bestandteil der gemeinschaftlichen Rechtsordnung war, handelt es sich beim Datenschutzrecht um eine jüngere Rechtsmaterie, die erst im Vertrag von Lissabon primärrechtlich kodifiziert wurde. Heute findet das Datenschutzrecht seine rechtlichen Grundlagen in Art. 7 (Grundrecht auf Privatsphäre) und Art. 8 (Schutz personenbezogener Daten) der Grundrechtecharta („GR-Charta"),

---

19 Ob die durch Facebook Ireland Ltd. kontrollierte Datenverarbeitung von Daten deutscher Nutzer ausschließlich irischem Datenschutzrecht unterliegt und deutsche Datenschutzbehörden diese kontrollieren dürfen, ist derzeit Gegenstand eines beim EuGH anhängigen (Rs. C-210/16) Vorabentscheidungsersuchens des Bundesverwaltungsgerichts, vgl. BVerwG, ZD 2016, 393.

20 So zu Recht Weber, ZWeR 2014, 169, 174; umfassend zu den verschiedenen Aspekten des Verhältnisses von Kartellrecht und Datenschutzrecht Körber, NZKart 2016, 348.

die nach der Rechtsprechung des EuGH auch Drittwirkung zwischen Privaten entfaltet,[21] sowie zusätzlich in Art. 16 AEUV, dessen Absatz 2 auch die neue Kompetenzgrundlage für die DSGVO darstellt. Die Datenschutzgrundrechte gelten gemäß Art. 51 Abs. 1 GR-Charta sowohl bei Handeln der Unionsorgane – d.h. auch im Rahmen der Anwendung der Wettbewerbsregeln – als auch für die Mitgliedstaaten in Durchführung des Unionsrechts. Schließlich ist nach Art. 12 AEUV den Erfordernissen des Verbraucherschutzes bei der Festlegung und Durchführung der anderen Unionspolitiken und -maßnahmen– d.h. auch in der Durchführung der Wettbewerbspolitik – Rechnung zu tragen.

Konkretisiert werden beide Rechtsbereiche inzwischen sowohl materiell- als auch verfahrensrechtlich maßgeblich durch Unionssekundärrecht, im Fall des Kartellrechts durch zahlreiche Gruppenfreistellungsverordnungen und die Verordnung (EG) Nr. 1/2003[22] („VO 1/2003"), im Fall des Datenschutzrechts bislang durch die RL 95/46 und nun durch die DSGVO.

2.   Schutzzweck: Verbraucherschutz vs. Binnenmarkt

Überlegungen zu einer stärkeren Verzahnung von Kartell- und Datenschutzrecht werden regelmäßig darauf gestützt, dass beide Rechtsmaterien dem gleichen Ziel, nämlich letztlich dem Verbraucherschutz dienen.[23]

Dies ist im Ansatz richtig, berücksichtigt aber die Schutzzwecke des Kartell- und Datenschutzrechts nur unvollständig. Beide Rechtsbereiche sind nämlich im Kern auf das Konzept und Ziel der Errichtung und Bewahrung eines funktionierenden Binnenmarktes ausgerichtet, der eines der Fundamente der europäischen Integration darstellt.[24] Das Konzept des Binnenmarktes besteht aus drei wesentli-

---

21   Zuletzt EuGH, Google Spain und Google, C-131/12, EU:C:2014:317, Rdnr. 38, 74.

22   Verordnung (EG) Nr. 1/2003 des Rates vom 16. Dezember 2002 zur Durchführung der in den Artikeln 81 und 82 des Vertrags niedergelegten Wettbewerbsregeln, ABl. 2003, L 1, 1.

23   Vgl. Buttarelli, Competition Rebooted: Enforcement and personal data in digital markets, Keynote speech at Joint ERA-EDPS seminar, 24. September 2015, S. 1, verfügbar unter https://secure.edps.europa.eu/EDPSWEB/webdav/site/mySite/shared/Documents/EDPS/P ublications/Speeches/2015/15-09-24_ERA_GB_EN.pdf. („common concerns, such as consumer welfare"); vgl. auch Vestager, Competition is a consumer issue, Rede vor der Generalversammlung der Europäischen Verbraucherorganisation, 13. Mai 2016, verfügbar unter http://ec.europa.eu/commission/2014-2019/vestager/announcements/competi tion-consumer-issue_en.; aus der Literatur z.B. Kadar, ZWeR 2015, 342, 362.

24   Zum europäischen Verfassungsprinzip der sog. funktionellen Integration grundlegend Ipsen, Europäisches Gemeinschaftsrecht, 1972, 8/28 ff.

chen Strukturelementen:[25] Die ersten beiden sind die Grundfreiheiten (Art. 26 Abs. 2 AEUV) und das „System [...], das den Wettbewerb vor Verfälschungen schützt" (Protokoll Nr. 27 über den Binnenmarkt und den Wettbewerb).[26] Während die Grundfreiheiten den Binnenmarkt konstituieren, indem sie den freien Verkehr von Personen, Waren, Dienstleistungen und Kapital vor allem gegenüber staatlichen Handelsschranken gewährleisten, sichern die Wettbewerbsregeln sein Funktionieren, indem sie verhindern, dass Unternehmen nicht neue Schranken dieser Art schaffen.[27] Vervollständigt wird dieses Konzept drittens durch die Grundrechte, die zunächst als allgemeine Grundsätze des Gemeinschaftsrechts richterrechtlich entwickelt wurden und inzwischen in der GR-Charta kodifiziert sind.

Vor diesem Hintergrund verfolgt das europäische Kartellrecht das – primär auf die Binnenmarktzielsetzung ausgerichtete[28] – Ziel, einen freien, wirksamen und unverfälschten Wettbewerb zu gewährleisten.[29] Es hat dabei eine doppelte Schutzrichtung. Einerseits dient es dem Schutz des „Wettbewerbs als solchem",[30] dh des Wettbewerbs als Institution,[31] andererseits nach langjähriger Rechtsprechung auch den unmittelbaren Interessen einzelner Marktteilnehmer, insbesondere der Wettbewerber und (End-)Verbraucher.[32] Im Zuge des von der Kommission eingeführten „more economic approach" ist verbraucherschützende Zielrichtung der Durchsetzung des EU-Kartellrechts, d.h. seine Ausrichtung auf den Schutz speziell der Konsumentenwohlfahrt und damit eine effektbasierte

25 Vgl. MüKoKartR/Skouris/Kraus, Band 1, Einl., Rdnr. 273.
26 ABl. EU 2012 C 326, S. 309.
27 EuGH, Consten und Grundig/Kommission, 56 und 58/64, EU:C:1965:60, Slg. 1966, 322, 388.
28 Vgl. Art. 3 Abs. 1 lit. b AEUV, wonach die Union die „für das Funktionieren des Binnenmarkts erforderlichen Wettbewerbsregeln" festlegt; EuGH, Metro/Kommission, 26/76, Slg. 1977, 1877, Rdnr. 20; Konkurrensverket/TeliaSonera Sverige AB, C-52/09, Slg. 2011, I-527, Rdnr. 20-21.
29 Vgl. z.B. EuGH, Hoffmann-La Roche/Kommission, 85/76, EU:C:1979:36, Rdnr. 38 –; EuGH, Kone, C-557/12, EU:C:2013:1317, Rdnr. 32.
30 EuGH, T-Mobile Netherlands, C-8/08, Slg. 2009, I-4529, Rdnr. 38.
31 Geschützt wird nach der EuGH-Rechtsprechung insbesondere auch die – den Wettbewerb ermöglichende – „Struktur des Marktes" vor der Entstehung und Perpetuierung von Marktmacht, grundlegend EuGH, Europemballage und Continental Can/Kommission, 6/72, Slg. 1973, 218, Rdnr. 26. Auch die Befugnisse der Kommission zur Durchsetzung des Kartellrechts und in gleicher Weise der kartellrechtliche Schadensersatzanspruch dienen dem öffentlichen Interesse der Aufrechterhaltung einer „wirksamen Wettbewerbsordnung" in der EU, vgl. EuGH, National Panasonic/Kommission, 136/79, EU:C: 1980:169, Rdnr. 20; Courage, C-453/99, EU:C:2001:465, Rdnr. 27.
32 Grundlegend EuGH, Europemballage und Continental Can/Kommission, 6/72, EU:C: 1973:22, Rdnr. 26.

Rechtsanwendung zunehmend in den Mittelpunkt gerückt.[33] Das durch den Vertrag von Lissabon nun gemäß Art. 3 Abs. 3 EUV auch für die EU postulierte Leitbild der „sozialen Marktwirtschaft" dürfte diesen Trend weiter befördern.[34]

Auch das Datenschutzrecht dient dem individuellen (Grund-)Rechtsschutz und dem Binnenmarkt gleichermaßen. Einerseits gewährleistet es die Grundrechte auf Privatsphäre und dem Schutz personenbezogener Daten,[35] andererseits den freien Verkehr von Daten zwischen den Mitgliedstaaten, um das Funktionieren des Binnenmarkts nach Art. 26 Abs. 2 AEUV sicherzustellen[36] (vgl. Art. 1 und Erwägungsgründe 3, 7 und 8 und 10 RL 95/46 und jetzt Art. 1 DSGVO[37]). Insgesamt will das vollharmonisierte System des europäischen Datenschutzrechts[38] einen „angemessenen Ausgleich" zwischen den Grundrechten betroffener Unionsbürger und den Binnenmarktfreiheiten insbesondere grenzüberschreitend tätiger (Internet-)Dienstleister wahren.[39]

Insgesamt gilt, dass – in unterschiedlicher Akzentuierung – sowohl Kartell- als auch Datenschutzrecht (auch) auf das Verbraucherwohl ausgerichtet sind. Nicht vergessen werden darf jedoch, dass dies nicht die ausschließliche (und nicht zwingend vorrangige) Zielsetzung ist. Beide stellen gleichzeitig auch Binnenmarktrecht dar.

---

33 Vgl. z.B. Kroes, 29 Fordham Int'l L.J. (2006) 593 (596); in diese Richtung wohl auch EuGH, Konkurrensverket/TeliaSonera Sverige AB, C-52/09, Slg. 2011, I-527, Rdnr. 22; zur Methodologie des „more economic appraoch" vgl. Lademann, Festschrift Möschel, 2011, 381.

34 Vgl. Kamann/Selmayr, European Competition Law/Europäisches Wettbewerbsrecht, Einführung, 4.

35 Vgl. z.B. EuGH, Lindqvist, C-101/01, EU:C:2003:596, Rdnr. 95; ASNEF, C-468/10 und C-469/10, EU:C:2011:277, Rdnr. 28; Digital Rights Ireland, C-293/12 und C-594/12, EU:C:2014:238, Rdnr. 53; Google Spain und Google, C-131/12, EU:C:2014:317, Rdnr. 53, 66 und 74 und Schrems, C-362/14, EU:C:2015;650, Rdnr. 39.

36 Vgl. z.B. EuGH, Österreichischer Rundfunk, C-465/00, C-138/01 und C-139/01, EU:C:2003:294, Rdnr. 39 und 70; Lindqvist, C-101/01, EU:C:2003:596, Rdnr. 96 und Kommission/Deutschland, C-518/07, EU:C:2010:125, Rdnr. 20.

37 Vgl. zur Verschiebung von Primär- und Sekundärzielsetzung im Datenschutzrecht (Datenschutz verdrängt Binnenmarkt) die Umformulierungen im jeweils 3. Erwägungsgrund der RL 95/46 und der DSGVO.

38 Vgl. EuGH, Lindqvist, C-101/01, EU:C:2003:596, Rdnr. 96; ASNEF, C-468/10 und C-469/10, EU:C:2011:277, Rdnr. 29.

39 Vgl. EuGH, Lindqvist, C-101/01, EU:C:2003:596, Rdnr. 87, 97; und zuletzt Schrems, C-362/14, EU:C:2015:650, Rdnr. 42.

3.   Verbotsprinzip

Strukturell ähnlich ausgestaltet sind die grundsätzlichen Verbotsnormen des Kartell- und Datenschutzrechts:

Art. 101 Abs. 1 AEUV statuiert ein umfassendes Verbot wettbewerbsbeschränkender Vereinbarungen zwischen Unternehmen, die nach Abs. 3 einzeln oder in Gruppen freigestellt sein können, wenn sie notwendig und verhältnismäßig sind, um Effizienzvorteile zugunsten der Verbraucher zu erzeugen. Ein tatbestandlicher Verstoß liegt vor, wenn durch eine mehrseitige subjektive Willensübereinstimmung (Kollusion) eine horizontale oder vertikale Wettbewerbsbeschränkung alternativ bezweckt oder bewirkt wird.[40] Relevant ist hierfür der objektive Inhalt einer Absprache sowie ihr wirtschaftlicher und rechtlicher Zusammenhang.[41] Eine Abwägung pro- und antikompetitiver Wirkungen einer Vereinbarung ähnlich einer *rule of reason* nach US-amerikanischem Vorbild findet im Rahmen von Art. 101 Abs. 1 AEUV nicht statt.[42] Eine analoge Struktur weist auch Art. 102 AEUV auf.[43]

Im Datenschutzrecht statuieren Art. 6, 7 RL 95/46 und in Zukunft Art. 5, 6 DSGVO die Grundsätze[44] insbesondere für die Rechtmäßigkeit[45] der Verarbeitung personenbezogener Daten.

Beide Bereiche statuieren damit im Kern grundsätzliche Verbote mit Rechtfertigungsvorbehalten. Im Kartellrecht liegt allerdings aufgrund des unbestimmten Rechtsbegriffs der „Wettbewerbsbeschränkung" sicherlich ein weites rechtliches Problemgebiet bereits auf der Tatbestandsmäßigkeit kartellrechtswidrigen Handelns (im Bereich des Art. 101 AEUV insbesondere im Bereich der vertika-

---

40   Vgl. grundlegend EuGH, LTM, 56/65, EU:C:1966:38, Slg. 1966, 282, 303 f.

41   Vgl. z.B. EuGH, T-Mobile Netherlands, C-8/08, EU:C:2009:343, Rdnr. 27.

42   Vgl. EuG, M6/Kommission, T-112/99, EU:T:2001:215, Rdnr. 72; nicht abschließend EuGH, Montecatini/Kommission, C-235/92 P, EU:C:1999:362, Rdnr. 133.

43   Vgl. Mitteilung der Kommission – Erläuterungen zu den Prioritäten der Kommission bei der Anwendung von Artikel 82 des EG-Vertrags auf Fälle von Behinderungsmissbrauch durch marktbeherrschende Unternehmen, ABl. EU 2009 C 45, 7.

44   Diese sind nach Art. 5 Abs. 1 DSGVO insbesondere Rechtmäßigkeit, Verarbeitung nach Treu und Glauben und Transparenz (lit. a), Zweckbindung (lit. b), Datenminimierung (lit. c), Richtigkeit (lit. d), Speicherbegrenzung (lit. e) und Integrität und Vertraulichkeit (lit. f). Außerdem unterliegt der Verantwortliche nach Art. 5 Abs. 2 DSGVO der Rechenschaftspflicht.

45   Die Verarbeitung ist nach Art. 6 Abs. 1 UAbs. 1 DSGVO nur rechtmäßig bei Vorliegen einer der abschließend aufgeführten Bedingungen: Einwilligung (lit. a), Erforderlichkeit zur Erfüllung eines Vertrags (lit. b), Erforderlichkeit zur Erfüllung einer Verpflichtung (lit. c), Erforderlichkeit, um lebenswichtige Interessen zu schützen (lit. d), Erforderlichkeit für die Wahrnehmung einer Aufgabe im öffentlichen Interesse oder in Ausübung öffentlicher Gewalt (lit. e) oder Erforderlichkeit zur Wahrung berechtigter Interessen (lit. f).

len Beschränkungen sowie im Bereich des Marktmissbrauchs gemäß Art. 102 AEUV) während im Datenschutzrecht das tatbestandliche Handeln („Verarbeitung personenbezogener Daten") ohnehin recht umfassend geregelt ist[46] und daher der Prüfungsschwerpunkt regelmäßig auf der Ebene der Rechtfertigung liegt.

Ein besonderes Anwendungsproblem stellt sich in diesem Zusammenhang bei der Frage, welchen Anforderungen eine wirksame Einwilligung zu einer Datenverarbeitung unterliegt. Kartellrechtlich scheint das BKartA eine der Kernfragen bei seiner Prüfung eines etwaigen tatbestandlichen Marktmissbrauchs der Nutzungsbedingungen *Facebooks* zu sehen.[47] Die Tatbestandsmäßigkeit wird – wohl abschließend – determiniert durch die datenschutzrechtliche Zulässigkeit der Einwilligung gemäß Art. 7 lit. a) RL 95/46 bzw. künftig Art. 7 DSGVO.

4. Anwendungsbereich

Aufschlussreich sind auch die unterschiedlichen Ausgangspunkte und neuen Entwicklungen im Bereich des Anwendungsbereichs beider Rechtsmaterien.

a) Persönlicher Anwendungsbereich

Eine klare Unterscheidung besteht im Ausgangspunkt auf der Ebene des persönlichen Anwendungsbereichs.

Normaddressaten des Unionskartellrechts sind „Unternehmen", d.h. jede eine wirtschaftliche (Angebots-)Tätigkeit ausübende Einheit, unabhängig von ihrer Rechtsform und der Art ihrer Finanzierung)[48] und ihre Vereinigungen, nicht dagegen (private) Einzelpersonen. Aus dem Unternehmenskonzept folgt nach ständiger Rechtsprechung des EuGH einerseits die Möglichkeit, Kartellverstöße im Konzern zuzurechnen,[49] und andererseits die Privilegierung für Absprachen in einer solchen wirtschaftlichen Einheit (sog. Konzernprivileg).[50]

---

46   EuGH, Lindqvist, C-101/01, EU:C:2003:596, Rdnr. 88.

47   Vgl. oben Abschnitt I. und II.

48   Zu diesem relativen und funktionalen Unternehmensbegriff grundlegend EuGH, Höfner und Elser, C‑41/90, Slg. 1991, I‑1979, Rdnr. 21.

49   Vgl. z.B. EuGH, Kommission/Anic Partecipazioni, C-49/92 P, EU:C:1999:356, Rdnr. 139 ff.; EuGH, ETI, C-280/06, EU:C:2007:775, Rdnr. 41.

50   Ständige Rechtsprechung seit EuGH, Centrafarm /Sterling Drug, 15/74, EU:1974:114, Rdnr. 41.

Das europäische Datenschutzrecht richtet sich an den „für die Datenverarbeitung Verantwortlichen" (sog. Kontroller). Dies ist gemäß Art. 2 lit. d) RL 95/46 bzw. künftig Art. 4 Nr. 7 DSGVO „die natürliche Person, Behörde, Einrichtung oder andere Stelle, die allein oder gemeinsam mit anderen über die Zwecke und Mittel der Verarbeitung von personenbezogenen Daten entscheidet". Abgestellt wird für die Verantwortlichkeit der Einhaltung datenschutzrechtlicher Vorgaben damit stets auf den konkreten Entscheidungsträger über das „ob" und „wie" einer Datenverarbeitung.[51] Auch eine Übermittlung von Daten in einem Unternehmen i.S.d. Kartellrechts ist damit datenschutzrechtlich relevant, ein Konzernprivileg existiert nicht.

In jüngster Zeit scheint der EuGH das Konzept der datenschutzrechtlichen Verantwortlichkeit punktuell flexibilisiert und erweitert zu haben. So entschied er in der Rs. *Google Spain und Google*, dass die RL 95/46 auf eine Datenverarbeitung für einen von einem „Unternehmen" betriebenen Suchmaschinendienst mit Sitz außerhalb der Union aber einer Niederlassung in der Union anwendbar ist, auch wenn die Datenverarbeitung nicht „von" der Niederlassung ausgeführt wird, sondern diese für die Förderung des Verkaufs und den Verkauf der Werbeflächen der Suchmaschine zu sorgen hat. In diesem Fall seien die Tätigkeiten des Suchmaschinenbetreibers und seiner Niederlassung in der Union untrennbar miteinander verbunden.[52] Ob mit dieser Rechtsprechung eine Abkehr vom konkreten Verantwortlichkeitsprinzip der RL 95/46 hin zu einer stärker kartellrechtlich geprägten Verantwortlichkeit beabsichtigt war, ist jedoch zu bezweifeln. Die weite Auslegung des EuGH war tatsächlich in erster Linie dem außergewöhnlichen Umstand geschuldet, dass ohne die Verbindung der Tätigkeit der Niederlassung in der Union mit der Datenverarbeitung durch den Kontroller die Anwendung des europäischen Datenschutzrechts und dessen Grundrechtsschutz hätte umgangen werden können.[53]

Anzeichen einer stärkeren Kohärenz der persönlichen Normadressatenschaft zeigen sich allerdings in der Tatsache, dass die DSGVO den dem Kartellrecht entnommenen Begriff des „Unternehmens" (Art. 4 Nr. 18 DSGVO) sowie zusätzlich einen neuen Begriff der „Unternehmensgruppe" einführt (Art. 4 Nr. 19 DSGVO).

Der Begriff des *Unternehmens* wird verwendet in Art. 83 Abs. 4 und 5 DSGVO, der die Höhe des von einer datenschutzrechtlichen Aufsichtsbehörde festsetzbaren Bußgeldes begrenzt. Offen ist, ob der Unternehmensbegriff hier ledig-

---

51 Vgl. Artikel-29-Datenschutzgruppe, Stellungnahme 1/2010 zu den Begriffen „für die Verarbeitung Verantwortlicher" und „Auftragsverarbeiter", WP 169, S. 5-6.

52 EuGH, Google Spain und Google, C-131/12, EU:C:2014:317, Rdnr. 52, 55-56.

53 Vgl. EuGH, Google Spain und Google, C-131/12, EU:C:2014:317, Rdnr. 54, 58.

lich auf die Berechnung des Bußgeldes angewendet wird oder auch eine Zurechnung der Verantwortlichkeit im Unternehmen ermöglichen soll. Letzteres scheint der 150. Erwägungsgrund DSGVO zu indizieren. Dagegen spricht, dass der materielle Anknüpfungspunkt der Haftung unverändert grundsätzlich das von der DSGVO Eins-zu-Eins übernommene Kontroller-Konzept in Art. 4 Nr. 7 i.V.m. 5 Abs. 2 DSGVO (neben einer neuen audrücklichen Pflichtenstellung des Auftragsverarbeiters) bleibt. Dies bestätigt auch Art. 83 Abs. 3 DSGVO, der von einem Verstoß des Kontrollers bzw. Auftragsdatenverarbeiters ausgeht. Allein der Kontroller und der Auftragsdatenverarbeiter unterliegen schließlich gemäß Art. 82 Abs. 1 DSGVO einer zivilrechtlichen Haftung. Da gemäß Art. 56 Abs. 1 DSGVO auch die aufsichtsrechtliche Zuständigkeit auf die Hauptniederlassung des Kontrollers konzentriert ist (und diese Hauptniederlassung damit regelmäßig Haftungsobjekt ist), ist eine bußgeldrechtliche Zurechnung der Verantwortlichkeit im Unternehmen auch nach der neuen DSGVO grundsätzlich nicht angezeigt.[54]

Der Begriff der *Unternehmensgruppe* findet sich einerseits in Art. 37 Abs. 2, wonach eine solche Gruppe einen gemeinsamen Datenschutzbeauftragten ernennen darf, in Art. 47, wonach eine Übermittlung von Daten innerhalb einer Unternehmensgruppe nach von der Aufsichtsbehörde genehmigten internen Datenschutzvorschriften oder aufgrund einer Abwägung möglich ist (vgl. auch 48. und 110. Erwägungsgrund DSGVO), sowie in Art. 88 Abs. 2 im Zusammenhang mit der Datenübermittlung im Beschäftigungskontext. Ob mit diesen Regelungen eine Datenverarbeitung in der Unternehmensgruppe erleichtert wird und sich damit einem kartellrechtlichen Konzernprivileg annähert, oder nicht, wird von der Praxis der Aufsichtsbehörden und Mitgliedstaaten bei der Regelung des Arbeitnehmerdatenschutzes abhängen.

b)   Territorialer Anwendungsbereich

Zunehmend kohärente Ansätze verfolgen das Kartell- und Datenschutzrecht, was den territorialen Anwendungsbereich angeht:

Das Unionskartellrecht enthält keine ausdrückliche Regelung seines räumlichen Anwendungsbereichs. Der EuGH bediente sich in seiner *Farbstoff*-Entscheidung aus dem Jahr 1972 der Figur der „wirtschaftlichen Einheit", um

---

54   Zur Frage der Verantwortlichkeit eines Nicht-Kontrollers vgl. Vorabentscheidungsersuchen des Bundesverwaltungsgerichts, BVerwG, ZD 2016, 393 (beim EuGH anhängig als Rs. C-210/16); kritisch von Lewinski/Herrmann, ZD 10/2016 (im Erscheinen).

Unternehmen mit Sitz außerhalb der EU das wettbewerbswidrige Verhalten ihrer in der Union ansässigen Tochtergesellschaften zuzurechnen.[55] Auch im Rahmen seiner *Zellstoff*-Entscheidung aus dem Jahr 1988 berief sich der EuGH allein auf das Territorialitätsprinzip. Die an den kartellrechtswidrigen Absprachen beteiligten Unternehmen hatten in diesem Fall zwar keine Tochterunternehmen im Binnenmarkt, hatten jedoch die betroffenen Produkte direkt an in der Union ansässige Abnehmer verkauft, die Vereinbarung damit in der Union „durchgeführt".[56] Die Kommission wendet bereits seit langem das Auswirkungsprinzip an,[57] wonach wettbewerbsrelevantes Handeln dann dem Unionskartellrecht unterfällt, wenn es – in den Worten des die Kommissionspraxis bestätigenden grundlegenden *Gencor*-Urteils des EuG – „unmittelbare und wesentliche Auswirkung" in der Union hat.[58] Damit gilt, dass der Wettbewerbsschutz des Unionskartellrechts unabhängig davon greift, wo ein „Störer" seinen Sitz hat oder wo wettbewerbsbeschränkende Handlungen initiiert werden.[59]

Externe Kollisionsnorm des europäischen Datenschutzrechts ist bislang Art. 4 Abs. 1 RL 95/46.[60] Sie ermöglicht gemäß lit. a) die Anwendung des Rechts der Union über das Recht eines Mitgliedstaates, wenn die Datenverarbeitung durch einen Kontroller mit Sitz außerhalb der Union, aber „im Rahmen der Tätigkeiten" einer in diesem Mitgliedstaat ansässigen Niederlassung des Kontrollers erfolgt, oder gemäß lit. c), wenn ein nicht in der Union niedergelassener Kontroller auf in der Union belegene automatisierte oder nicht automatisierte Verarbeitungsmittel (z.B. Server) zurückgreift.

In der Fallpraxis hat sich gezeigt, dass die Regelung des Art. 4 Abs. 1 lit. a) RL 95/46 umgehungsanfällig ist. Daher entschied der EuGH in seinem Urteil *Google Spain und Google*, dass die Vorschrift auf einen Suchmaschinendienst mit Sitz außerhalb der Union und einer Niederlassung in der Union auch dann anwendbar ist, wenn die Niederlassung zwar nicht die Datenverarbeitung ausführt, aber für die Förderung des Verkaufs und den Verkauf der Werbeflächen der

---

55   EuGH, ICI/Kommission, 48/69, EU:C:1972:70, Rdnr. 132/135.
56   EuGH, Ahlström ua/Kommission, 89/85, EU:C:1988:447, Rdnr. 17 f.
57   Vgl. bereits Kommission, Entscheidung vom 11. März 1964, IV/A-00061, Grosfillex-Fillistorf, ABl. EG 1964 Nr. 58, 915; Kommission, Bericht über die Wettbewerbspolitik 1981, Rdnr. 35 f.
58   EuG, Gencor/Kommission, T-102/96, EU:T:1999:65, Rdnr. 90.
59   MüKoKartR/Schnyder, Band 1, Einl., Rdnr. 855.
60   Zu dieser Funktion sowie der gleichzeitigen Funktion des Art. 4 Abs. 1 RL 95/46 als Unions-interne Kollisionsnorm vgl. Schlussanträge des Generalanwalts Cruz Villalón, Weltimmo, C-230/14, EU:C:2015:426, Rdnr. 23 und Schlussanträge des Generalanwalts Saugmandsgaard Øe, Verein für Konsumenteninformation, C-191/15, EU:C:2016:388, Rdnr. 110.

Suchmaschine zu sorgen hat. Sie sei hierdurch mit dem Suchmaschinenbetreiber untrennbar verbunden.[61] Der EuGH verwendete hierbei also einen ähnlichen Zurechnungsansatz wie in seiner kartellrechtlichen *Farbstoff*-Entscheidung.

Die vom EuGH aufgegriffene Schutzlückenproblematik des Art. 4 Abs. 1 RL 95/46 im Hinblick auf den extraterritorialen Anwendungsbereich des europäischen Datenschutzrechts adressiert in Zukunft Art. 3 DSGVO. Nach Absatz 1 findet die DSGVO (wie schon bisher nach Art. 4 Abs. 1 lit. a) RL 95/46) Anwendung auf die Datenverarbeitung im Rahmen der Tätigkeiten einer Niederlassung eines Verantwortlichen, unabhängig davon, ob die Verarbeitung in der Union stattfindet, nach Absatz 2 jedoch daneben auch auf die Verarbeitung personenbezogener Daten betroffener Personen, die sich in der Union befinden, wenn die Datenverarbeitung im Zusammenhang damit steht, betroffenen Personen Waren oder Dienstleistungen anzubieten oder das Verhalten betroffener Personen zu beobachten. Auch hiermit wird, dem Ansatz des EuGH aus der *Zellstoff*-Entscheidung folgend, zusätzlich ein Marktort-begründender Ansatz eingeführt, der dem materiellen Auswirkungsgrundsatz des Unionskartellrechts weitestgehend angenähert ist.

IV.   Durchsetzungsysteme des Kartell- und Datenschutzrechts im Vergleich

Im Bereich der öffentlichen (dazu unter 1.) und privaten (dazu unter 2.) Rechtsdurchsetzung sind zum Teil kohärenzorientierte, zum Teil jedoch auch gegenläufige Entwicklungslinien des Kartell- und Datenschutzrechts erkennbar.

1.   Öffentliche Rechtsdurchsetzung

Die öffentliche bzw. behördliche Rechtsdurchsetzung des Kartell- und Datenschutzrechts ist von jeweils gänzlich unterschiedlichen Ausgangslagen aus gestartet. Sie hat sich teilweise gegenläufig entwickelt, sich jedoch mit dem Inkrafttreten der DSGVO systematisch stark angenähert:

Das Unionskartellrecht enthielt bei Gründung der EWG – neben seiner im Unionsrecht einzigartigen Norm des Art. 85 Abs. 2 EWGV (heute Art. 101 Abs. 2 AEUV) zur Anordnung zivilrechtlicher Nichtigkeit wettbewerbsbeschränken-

---

61   EuGH, Google Spain und Google, C-131/12, EU:C:2014:317, Rdnr. 52, 55-56; vgl. oben
      Abschnitt III.4.a).

der Absprachen[62] – in Art. 87 Abs. 2 und 89 EWGV (heute Art. 103 und 104 AEUV) Ermächtigungsnormen, auf deren Grundlage mit der Durchführungs-VO (EWG) Nr. 17/62 ein zentrales Anmelde- und Genehmigungssystem und die Befugnis der Kommission zum Erlass von Buß- und Zwangsgeldentscheidungen etabliert wurde. Dieses System wurde 2004 mit der VO 1/2003 durch ein System der Legalausnahme und dezentraler Rechtsanwendung durch ein Netz, dem sog. „European Competition Network" (ECN) der Kommission (Art. 4), kooperierender nationaler Kartellbehörden (Art. 5) und nationaler Gerichte (Art. 6) ersetzt. Die örtliche Zuständigkeit und Zusammenarbeit der Behörden richten sich nach der sog. Zusammenarbeitsbekanntmachung, wonach die Fallverteilung grundsätzlich nach dem Ort der Wettbewerbsbeeinträchtigung erfolgt.[63] Zur Gewährleistung von Kohärenz kann die Kommission neben den bestehenden gegenseitigen Unterrichtungs- und Konsultationspflichten (Art. 11 Abs. 4 und 5) ein Verfahren als „Primus inter Pares" aus übergeordneten Unionsgründen an sich ziehen (Art. 11 Abs. 6), aber den nationalen Wettbewerbsbehörden im Rahmen derer Verfahren keine faktischen oder rechtlichen Vorgaben oder Weisungen erteilen.

Im Datenschutzrecht hat die RL 95/46 ein harmonisiertes, aber dezentral organisiertes Kontrollsystem durch unabhängige nationale Datenschutzbehörden[64] geschaffen, das Art. 28 Abs. 6 gemäß dem Grundsatz der Aufgabenteilung im Rahmen einer Zusammenarbeit und gegenseitigen Amtshilfe gestaltet ist[65] und auf dem Grundsatz der gegenseitigen Anerkennung und der Vermutung beruht, dass die Mitgliedstaaten den gewährleisteten Grundrechtsschutz im europäischen Rechtsraum ohne Binnengrenzen einhalten.[66] Eine inhaltliche Koordination der Behörden fand allerdings lediglich informell auf der Basis der sog. Artikel-29-Datenschutzgruppe (Art. 29, 30 RL 95/46) statt. Dieses System ist mit der DSG-VO durch ein stärker zentralisiertes System ersetzt worden. Während im Rahmen

---

62 Vgl. zur überragenden Bedeutung dieser Norm EuGH, Eco Swiss, 126/97, EU:C: 1999:269, Rdnr. 36.
63 Bekanntmachung der Kommission über die Zusammenarbeit innerhalb des Netzes der Wettbewerbsbehörden, ABl. 2004, C 101, 34, Rdnr. 8.
64 Vgl. zuletzt EuGH, Schrems, C-362/14, EU:C:2015:650, Rdnr. 40-41.
65 Vgl. EuGH, Kommission/Deutschland, C-518/07, EU:C:2010:125, Rdnr. 24; Schlussanträge des Generalanwalts Cruz Villalón in der Rs. Weltimmo, C-230/14, EU:C:2015:426, Rdnr. 55 und Urteil in der Rs. Weltimmo, C-230/14, EU:C:2015:639, Rdnr. 52.
66 Vgl. analog EuGH, N.S./Secretary of State for the Home Department, C-411/10, EU:C:2011:865, Rdnr. 83; Gutachten 2/13, EU:C:2014:2454, Rdnr. 191; PPU, C-404/15 und C-659/15, EU:C:2016:198, Rdnr. 76-78; Schlussanträge des Generalanwalts Saugmandsgaard Øe, Verein für Konsumenteninformation, C-191/15, EU:C:2016:388, Rdnr. 109; aus der Literatur umfassend von Lewinski/Herrmann, Cloud vs. Cloud – Datenschutz im Binnenmarkt, ZD 10/2016 (im Erscheinen).

der RL 95/46 die Zuständigkeitsregeln nach Art. 28 Abs. 6 im Zusammenwirken mit den Regeln zum anwendbaren Recht nach Art. 4 Abs. 1 lit. a) erhebliche Probleme aufgeworfen hat,[67] hat die Frage der Zuständigkeit in der DSGVO durch Einführung des Instituts der „federführenden Behörde" an der Hauptniederlassung des Verantwortlichen (Art. 56) eine wesentliche Entkrampfung erfahren. Das Verhältnis der federführenden und der übrigen Behörden wird durch ein Zusammenarbeitsverfahren (Art. 60) gestaltet. Im Fall von Uneinigkeiten greift ein besonderes Kohärenzverfahren (Art. 63 ff.) mit ggf. einem abschließend verbindlichen Streitbeilegungsbeschluss (Art. 65) des neu geschaffenen zentralen Europäischen Datenschutzausschusses (Art. 68 ff.). Die Kommission hat in der Datenschutzaufsicht keine maßgebliche Funktion.

Während das öffentliche Durchssetzungssystem des Kartellrechts also mit der VO 1/2003 eine vor ihrem Inkrafttreten heftig kritisierte, aber inzwischen weitgehend funktionierende Dezentralisierung durchlaufen hat, hat das ursprünglich als fragmentiert, mit Rechtsunsicherheiten und Inkonsistenzen behaftet kritisierte dezentrale datenschutzrechtliche Aufsichtssystem[68] durch die DSGVO einen erheblichen Zentralisierungsschub mit sogar der Möglichkeit bindender Einzelbeschlüsse durch eine Unionseinrichtung erfahren.

Auch institutionell bestehen in beiden Durchsetzungssystemen erhebliche Unterschiede:

Das Unionskartellrecht macht keine institutionellen Vorgaben, weder zum Verfahrenssystem und noch zur Behördenstellung bzw. -struktur. Diese sind daher zum Teil sehr unterschiedlich ausgestaltet. Die Kommission, das BKartA und die meisten anderen nationalen Wettbewerbsbehörden folgen dem System einer inquisitorischen Rechtsdurchsetzung (monistisches Modell) mit Personalunion von ermittelnder und entscheidender Behörde, während einige Wettbewerbsbehörden, z.B. Österreich, ein kontradiktorisches (bzw. adversorisches) Rechtsdurchsetzungssystem (gerichtliches Modell) verfolgen.[69] Die Entscheidungsstrukturen sind teilweise nicht-unitär (so erfolgt zB in der Kommission die Ermittlung auf der Ebene des Case Teams in der Generaldirektion Wettbewerb, den Bußgeldbeschluss trifft das Kollegium der Kommissare), teilweise unitär (so

---

67 Vgl. zuletzt EuGH, Weltimmo, C-230/14, EU:C:2015:639, Rdnr 48 f., 57, 60.
68 Vgl. Commission Staff Working Paper, Impact Assessment, SEC(2012) 72 final, 25. Januar 2012, S. 7 unter Bezugnahme auf Special Eurobarometer (EB) 359, Data Protection and Electronic Identity in the EU (2011), verfügbar unter http://ec.europa. eu/public_opinion/archives/ebs/ebs_359_en.pdf.
69 Vgl. z.B. ECN Working Group Cooperation Issues and Due Process, Decision-Making Power Report, 2012, 5 ff.; Bueren, Verständigungen – Settlements in Kartellbußgeldverfahren, 2011, 120 ff.; Neven, Econ. Pol. 2006, 742 (763); Parisi, Int'l Rev. L. & Econ. 2002, 193 (194 ff.).

erfolgen im BKartA Ermittlung und Entscheidung einheitlich durch dieselbe weisungsungebundene Beschlussabteilung).[70] Darüber ist die Kommission neben in ihrer Stellung als Verfolgungsorgan gleichzeitig auch für die Festlegung der Wettbewerbspolitik zuständig, d.h. gleichzeitig politisches und (von der Generaldirektion Wettbewerb unterstütztes) Fachorgan.

Das europäische Datenschutzrecht ist dagegen institutionell zentral durch die sog. Unabhängigkeitsgarantie der Überwachungsbehörden geprägt, die Art. 16 Abs. 2 S. 2 AEUV primärrechtlich vorgibt und aktuell in Art. 28 Abs. 1 UAbs. 2 RL 95/46 widergespiegelt und künftig in Art. 51 ff. DSGVO konkretisiert wird. Ausfluss dieses Unabhängigkeitspostulats ist insbesondere, dass die nationalen Aufsichtsbehörden keiner staatlichen Aufsicht unterliegen dürfen (Art. 52 DSGVO)[71] und ihre Entscheidungsträger durch Parlament, Regierung, das Staatsoberhaupt oder eine unabhängige Stelle in einem transparenten Verfahren ernannt werden müssen (Art. 53 DSGVO).

Stark angeglichen ist dagegen im Kartell- und Datenschutzrecht die behördliche Befugnisausstattung. Die der Kommission nach der VO 1/2003 zustehenden Ermittlungsbefugnisse (Auskunftsverlangen, Art. 18; Befragung, Art. 19, Nachprüfungen, Art. 20, 21) und die der Kommission und den nationalen Wettbewerbsbehörden (nach Art. 5) zustehenden Sanktionsbefugnisse (Abstellung von Zuwiderhandlungen, Art. 7; einstweilige Maßnahmen, Art. 8, Entgegennahme von Verpflichtungszusagen, Art. 9; Verhängung von Geldbußen und Zwangsgeldern, Art. 23, 24) werden durch die Untersuchungs-, Abhilfe- und Sanktionsbefugnisse gemäß Art. 58 DSGVO weitestgehend adaptiert. Insbesondere die neue ausdrückliche Befugnis zum Erlass von Geldbußen im Rahmen des Art. 83 DSGVO ist weitgehend an das europäische Kartellbußgeldrecht angelehnt. Als Bußgeldhöchstgrenze wurden allerdings nicht 10%, sondern – immer noch beachtliche – 4% des weltweiten Unternehmens-Jahresumsatzes festgelegt (Art. 83 Abs. 4 DSGVO).

2.   Private Rechtsdurchsetzung

Auch im Bereich der privaten Rechtsdurchsetzung ist von einer wesentlichen Vorbildfunktion des Kartellrechts für das Datenschutzrecht auszugehen.

---

70   Zur Kritik am Kommissionsverfahren vgl. z.B. Temple Lang, CEPS Special Report Nov. 2011, 194, 198 ff.; Körber, Europäisches Kartellverfahren in der rechtspolitischen Kritik, ZEW Vorträge und Berichte Nr. 204, 10, 18 f.
71   Zur Unabhängigsgarantie EuGH, Kommission/Deutschland, C-518/07, EU:C:2010:125, Rdnr. 17 ff., 31 ff.

Die private Rechtsdurchsetzung im Unionskartellrecht ist – abgesehen von der Nichtigkeitsregel des Art. 101 Abs. 2 AEUV – das Produkt echter richterlicher Rechtsfortbildung durch den EuGH, der als „Promotor der privaten Rechtsdurchsetzung" des europäischen Wettbewerbsrechts[72] auf der Grundlage der allgemeinen Prinzipien und Grundsätzen der europäischen Integration[73] in seinem wegweisenden Urteil *Courage* 2001 ein Recht auf Kartellschadensersatz unmittelbar aus Art. 101 und 102 AEUV abgeleitet hat.[74] Nachdem nachfolgende Urteilen des EuGH weitere Konkretisierungen zur Entwicklung eines harmonisierten Haftungstatbestands, d.h. (1) Kartellverstoß, (2) Schaden und (3) Kausalitätserfordernis[75] sowie der Rechtsfolgen, z.B. Schadensumfang (Vermögensschaden, entgangener Gewinn und Zinsen), Bereicherungsverbot,[76] vorgenommen hatten, hat der Europäische Gesetzgeber das europäische Kartellschadensersatzrecht mit der Richtlinie 2014/104/EU vom 26. November 2014[77] („SE-RL") sekundärrechtlich kodifiziert und weitere Grundsätze, wie die gesamtschuldnerische Haftung und den Gesamtschuldnerausgleich (Art. 11 SE-RL) geregelt. Neben dem Schadensersatzanspruch haben Kartellgeschädigte aus Art. 101, 102 AEUV auch – durch die SE-RL noch nicht geregelte – Unterlassungs-[78] und (Folgen-) Beseitigungsansprüche,[79] die ggf. auch im Wege des einstweiligen Rechtsschutzes durchgesetzt werden können.[80]

Analog gewährt im Datenschutzrecht die DSGVO in Art. 79 erstmals ein explizites Unionsrecht auf wirksamen gerichtlichen Rechtsbehelf gegen den Kontroller oder Auftragsdatenverarbeiter und Art. 82 Abs. 1 einen unionsrechtlich begründeten Anspruch auf Ersatz materieller und immaterieller Schäden. Vorgesehen ist wie im Kartellrecht eine gesamtschuldnerische Haftung und ein Ge-

---

72 Remien/Wurmnest, Schadensersatz im europäischen Privat- und Wirtschaftsrecht, 2012, 28 (39).
73 Vgl. insbesondere EuGH, Van Gend & Loos, 26/62, EU:C:1963:1, Rdnr. 25 (Rechtssubjektivität des Einzelnen) und EuGH, BRT I, 127/73, EU:C:1974:25, Rdnr. 15/17 (unmittelbare Wirkung der kartellrechtlichen Verbote, heute Art. 101 und 102).
74 EuGH, Courage , C-453/99, EU:C:2001:465, Rdnr. 26.
75 Vgl. EuGH, Manfredi, C-295/04, EU:C:2006:461, Rdnr. 62, 64; Kone, C-/557/12, EU:C:2014:1317, Rdnr. 32 ff.
76 Vgl. EuGH, Manfredi, C-295/04, EU:C:2006:461, Rdnr. 94-95.
77 Richtlinie 2014/104/EU über bestimmte Vorschriften für Schadensersatzklagen nach nationalem Recht wegen Zuwiderhandlungen gegen wettbewerbsrechtliche Bestimmungen der Mitgliedstaaten und der Europäischen Union, ABl. EU 2014 L 349, 1.
78 Vgl. BGH, NJW 1980, 1224 (1225) – BMW-Importe; analog für den Bereich des unlauteren Wettbewerbs EuGH, Munoz, C-253/00, EU:C:2002:497, Rdnr. 27 ff.
79 Angedeutet in EuGH, DonauChemie, C-536/11, EU:C:2013:366, Rdnr. 24; überholt daher BGH NJW-RR 1999, 189 – Depotkosmetik.
80 Grundlegend EuGH, Factortame I, C-213/89, EU:C:1990:257, Rdnr. 21.

samtschuldnerausgleich (Art. 82 Abs. 4 und 5). Flankiert werden diese materiellen Rechtsschutzregeln verfahrensrechtlich durch Regeln zur Verbandsklage (Art. 80) und durch Zuständigkeitsregeln (Art. 79 Abs. 2, 82 Abs. 6), wonach für Datenschutzklagen wahlweise die Gerichte der Niederlassung des Kontrollers oder – praktisch sicherlich von erheblicher Relevanz – des Aufenthaltsort der betroffene Personen zuständig sind.

Die DSGVO zeigt damit, dass das vom EuGH entwickelte unionskartellrechtliche Schadenersatzrecht analog im Datenschutzrecht seine Fortsetzung findet. Insoweit gehören sowohl das Kartell- als auch das Datenschutzrecht zum Nukleus der Entwicklung allgemeiner Grundsätze eines europäischen Schadensrechts.

V. Schlussbetrachtung

Die vorliegende Analyse zeigt, dass zwar Kartell- und Datenschutzrecht materiell und in ihrer Durchsetzungsmethodik im Ausgangspunkt häufig nur punktuell ähnliche Ansätze aufweisen, sich jedoch in vielen Bereichen inzwischen stark aufeinander zubewegt haben. Dies gilt sowohl für zahlreiche materielle Konzepte als auch im Bereich der öffentlichen und noch stärker der privaten Rechtsdurchsetzung. Allerdings bedarf es jedoch noch einiger weiterer Aufarbeitung durch Rechtsprechung und Anwendungspraxis, um zu kohärenten und ausbalancierten Lösungen zu kommen, welche die offensichtlich eingeleitete Verzahnung beider Rechtsbereiche rechtfertigen.

Eine wesentliche offene Frage wird dabei sein, inwieweit die neue DSGVO ihrem Anspruch, zu einem im Vergleich zur bisherigen RL 95/46 einheitlicheren und konsisteren Anwendung der Datenschutzregeln beizutragen und damit mehr Rechtssicherheit zu schaffen, gerecht wird. Das Beispiel der VO 1/2003 hat gezeigt, dass eine Betrauung nationaler Behörden mit der Durchführung einheitlichen Unionsrechts trotz zahlreicher Vorbehalte gelingen kann. Die DSGVO muss diese Bewährungsprobe noch bestehen, wobei insbesondere die materiellen Möglichkeiten zum Erlass mitgliedstaatlicher Spezialbestimmungen (vgl. z.B. Art. 6 Abs. 2, Art. 9 Abs. 4 zu Gesundheitsdaten oder Art. 85 ff. in besonderen Verarbeitungssituationen) eine gesunde Skepsis angebracht erscheinen lassen. Umgekehrt ist mit dem Kohärenz- und Streitbeilegungsverfahren unter Einbeziehung des Europäischen Datenschutzausschusses ein System etabliert worden, das zu einer verstärkten Kohärenz der Praxis der nationalen Datenschutzbehörden führen sollte.

Insgesamt bleibt zu hoffen, dass Kartell- und Datenschutzbehörden in ihren jeweiligen Zuständigkeiten auch in der zunehmend komplexer werdenden digitalen Welt so mit Weitsicht und Augenmaß agieren, dass sie durch die Anwendung des Kartell- und Datenschutzrechts betroffene Unternehmen und Verbraucher angemessen schützen und gleichzeitig für die digitale Wirtschaft die Vertrauensbasis schaffen, um sich im europäischen Binnenmarkt weiter effektiv zu entfalten.

Ist Wissen Marktmacht?

Überlegungen zum Verhältnis von Datenschutz, „Datenmacht" und Kartellrecht

Prof. Dr. Torsten Körber, Göttingen [*]

Inhalt

I.   Die Rolle von Daten in der Internetökonomie   83
    1. Datenbegriff   83
    2. „Dateneigentum" (Verfügungsbefugnis über Daten)   84
    3. Die ökonomische Bedeutung von Daten   85
II. Daten als Wettbewerbs- und Machtfaktor in der Internetökonomie   88
    1. „Datenmacht" und Marktmacht   88
    2. Viele Daten = viel Macht?   88
    3. Qualität von Datenbanken, Algorithmen und Diensten   89
    4. Daten als sich nicht-abnutzende und nicht-ausschließliche Güter   90
    5. Zwischenfazit   90
III. Datenbezogener Machtmissbrauch   91
    1. Durch Art. 102 AEUV verbotene Ausbeutung der Internetnutzer?   92
    2. Preisdiskriminierung   94
    3. Durch Art. 102 AEUV verbotene Behinderung der Wettbewerber   96
        a) Zugang zum „Datenschatz" nach der
            essential facilities-Doktrin?   96
        b) Missbräuchliche Behinderungspraktiken   98
    4. Fusionskontrolle   99
    5. Zwischenfazit   100
IV. Das Verhältnis von Kartellrecht und Datenschutzrecht   101
    1. Vom „analogen" zum" digitalen" Datenschutzrecht   101
    2. Datenschutzpolitik der Unternehmen als Wettbewerbsfaktor   102
    3. Datenschutzrecht als Wettbewerbshindernis?   103
    4. Datenschutz im Kartellverfahren   105

---

[*] Dieser Beitrag wurde auch in NZKart 2016, 303 ff. und 348 ff. publiziert und wird hier
     insoweit mit freundlicher Genehmigung des Beck Verlages erneut veröffentlicht. Er wur-
     de gegenüber dem ursprünglichen Vortrag vom 22. Januar 2016 aktualisiert und erwei-
     tert.

5. Machtmissbrauch durch Verletzung des Datenschutzrechts?   107
   a) Das Facebook-Verfahren des Bundeskartellamtes   107
   b) Konditionenmissbrauch durch unangemessene AGB   108
   c) Machtmissbrauch durch Verstoß gegen
      außerwettbewerbliche Normen?   111
      aa) Ausrichtung des Kartellrechts auf den Schutz des
          Wettbewerbs   111
      bb) Markt- bzw. Wettbewerbsbezug des Rechtsverstoßes   113
      cc) Marktteilnehmerschutz als Anwendungsvoraussetzung?   116
      dd) Besondere Verantwortung marktbeherrschender
          Unternehmen   117
      ee) Missbrauch durch Rechtsbruch vs. Auswirkungsprinzip   117
      ff) Zwischenfazit   119
6. Datenschutz als Rechtfertigungsgrund für Kartellrechtsverstöße?   120
7. Fazit   121

Das Verhältnis von Datenschutz, „Datenmacht" und Kartellrecht ist in aller Munde. Die zunehmende Bedeutung von Daten und die mutmaßliche Konzentration von Daten in den Händen bestimmter Unternehmen haben Ängste geweckt und in der Politik den Ruf nach einer Regulierung, jedenfalls aber nach einer kartellrechtlichen Kontrolle laut werden lassen. Der Zusammenschluss von Facebook und WhatsApp, die laufenden EU-Verfahren gegen Google und die gerade aufgenommenen Ermittlungen des Bundeskartellamtes gegen Facebook haben in besonderem Maße die Frage nach der Rolle des Kartellrechts aufgeworfen. Der nachfolgende Beitrag spürt der Bedeutung von Daten und Datenschutz im Kartellrecht nach. Zunächst wird die Rolle von Daten in der Internetökonomie beleuchtet (I.). Es folgt eine Analyse der wettbewerblichen Relevanz von Daten für die Begründung von „Datenmacht" bzw. Marktmacht (II.). Darauf aufbauend wird der Bogen zu kartellrechtlichen Missbrauchspraktiken „datenreicher" Unternehmen geschlagen (III.) und schließlich – insbesondere mit Blick auf das laufende Kartellamtsverfahren gegen Facebook – das Verhältnis von Datenschutzrecht und Kartellrecht untersucht (IV.).

I.   Die Rolle von Daten in der Internetökonomie

Daten haben in jüngerer Zeit eine hohe Bedeutung für „zweiseitige Geschäftsmodelle" gewonnen, bei denen eine Plattform, z.b. eine Suchmaschine wie
Google Search oder ein soziales Netzwerk wie Facebook verschiedene Kundengruppen bedient, von denen nur die eine Seite (zumeist die Werbetreibenden)
einen Geldpreis zahlt, während die anderen Nutzer dieser Dienste die ihnen gegenüber erbrachten Leistungen mit ihrer Aufmerksamkeit und/oder ihren Daten
„bezahlen". Dies ermöglicht innovative, kostengünstige Dienste, die vorher so
nicht möglich waren (z.b. „kostenlose" Internetsuche, Kartendienste oder Be-
triebssysteme), wirft aber zugleich die Frage nach dem „Dateneigentum" und
nach dem Wert der Daten als Wirtschaftsgüter und Machtfaktoren auf. Daten
bzw. daraus gewonnene Erkenntnisse sind für Internetunternehmen, die solche
mehrseitigen Geschäftsmodelle verfolgen, besonders wertvoll, obwohl natürlich
auch jedes normale „brick and mortar business" Informationen über seine Kunden benötigt und davon profitiert.[1]
    So eindeutig all dies im Grundsatz erscheint, so unklar und problematisch sind
Begriffe wie „Daten", „Dateneigentum", „Datenmacht" oder „Datenmiss-
brauch", wenn man sich von der zumeist recht oberflächlichen und oft interes-
sen- bzw. ideologiegeleiteten öffentlichen Diskussion löst und versucht, den
Problematiken im Detail auf den Grund zu gehen.

1.   Datenbegriff

Schon der Datenbegriff bedarf der Differenzierung. Versteht man ihn weit, so ist
letztlich jede Information ein Datum. Doch ist Datum nicht gleich Datum. Zu
unterscheiden sind z.b. Bestands-, Verkehrs- und Nutzerdaten, personenbezogene und nicht personenbezogene Daten, individualisierte, pseudonymisierte oder
anonymisierte Daten, mehr oder weniger wertvolle, junge oder alte Daten, Daten, die freiwillig vom Nutzer geliefert werden (z.b. bei seiner Registrierung für
einen bestimmten Dienst, beim Klicken eines Like-Buttons oder bei der Erstellung einer eigenen Facebook-Seite) und solche, die in erster Linie, regelmäßig
automatisiert von den Dienstleistern selbst erstellt werden (z.b. Nutzungs- oder
Bewegungsprofile mittels Internet-Logs, Cookies etc.).[2] All diese Kategorien

---

1   Vgl. *Shelanski*, 161 U. Pa. L. Rev. 1663 2012-2013, S. 1678.
2   Hierzu auch Monopolkommission, Sondergutachten 68, 2015, Tz. 74 ff.

sind ihrerseits nicht „schwarz-weiß", sondern weisen erhebliche Übergänge zueinander und Grauzonen auf.

Den „Markt für Daten" gibt es daher ebenso wenig, wie es den „Markt für Rohstoffe" gibt. Ob und ggf. welchen Wert Daten haben, hängt maßgeblich von dem konkreten Markt ab, auf dem sie gehandelt werden oder für den sie aus anderen Gründen ökonomisch relevant sind.

Der Datenschutz i.e.S. befasst sich demgegenüber regelmäßig nur mit dem Schutz „personenbezogener Daten" natürlicher Personen. Nach Art. 4 Nr. 1 der EU-Datenschutzgrundverordnung 2016/679 (DSGVO)[3] bezeichnet der Ausdruck

> „personenbezogene Daten" alle Informationen, die sich auf eine identifizierte oder identifizierbare natürliche Person (im Folgenden „betroffene Person") beziehen; als identifizierbar wird eine natürliche Person angesehen, die direkt oder indirekt, insbesondere mittels Zuordnung zu einer Kennung wie einem Namen, zu einer Kennnummer, zu Standortdaten, zu einer Online-Kennung oder zu einem oder mehreren besonderen Merkmalen, die Ausdruck der physischen, physiologischen, genetischen, psychischen, wirtschaftlichen, kulturellen oder sozialen Identität dieser natürlichen Person sind, identifiziert werden kann".

2. „Dateneigentum" (Verfügungsbefugnis über Daten)

Nicht nur der Datenbegriff schillert in unzähligen Facetten. Weitgehend ungeklärt ist auch, wem welche Daten (und ggf. bis zu welchem Grade) gehören.[4] Als „Dateneigentümer" (oder besser: Verfügungsbefugte über Daten) kommen nämlich entgegen verbreiteter Vorstellung nicht nur die Internetnutzer in Betracht, über die ein Datum (etwa Ort des Internetzugriffs, Suchinteressen etc.) Auskunft gibt und die deshalb Schutzsubjekte des Datenschutzrechts (als Abwehrrecht) sind, wenn es sich bei ihnen um natürliche Personen handelt.[5] Verfügungsbefugt über Daten i.S.d. § 202a StGB (Ausspähen von Daten) ist nach dem Gesetz z.B. regelmäßig derjenige, der die Daten gespeichert hat oder auf dessen Veranlassung die Speicherung erfolgt ist (d.h. z.B. der Diensteanbieter).[6] Weitere Akteure, etwa Telekommunikationsunternehmen, welche die Daten (mit)erfassen und übermitteln oder Anbieter von Softwareprogramme, welche (ggf. urheberrechtli-

3 ABl. 2016, L 119/1.
4 Vgl. Monopolkommission, Sondergutachten 68, 2015, Tz. 88.
5 Eingehend und differenziert zu dieser Problematik, *Zech*, GRUR 2015, 1151, 1154, der deutlich macht, dass noch nicht einmal das Datenschutzrecht selbst eine solche ausschließliche Zuweisung des Datennutzungsrechts an seine Schutzsubjekte vornimmt.
6 Vgl. z.B. Schönke/Schröder/*Eisele/Lenckner* StGB, 29. Aufl. 2014, § 202a Rdnr. 9.

che geschützte) Anteile an der Generierung bestimmter Daten haben,[7] können als potentiell Mitberechtigte hinzutreten. Aus rechtlicher wie ökonomischer Sicht spricht Vieles dafür, den Wert einer Information jedenfalls nicht allein demjenigen zuzuweisen, über den die Information bzw. das ihr zugrundeliegende Rohdatum Auskunft gibt, sondern zumindest teilweise auch demjenigen, der aus den Rohdaten durch Verknüpfung mit anderen Daten und Datenverarbeitung kommerziell wertvolle Erkenntnisse gewonnen hat.

Insoweit ist eine Vielzahl von Fallkonstellationen und Lösungsvarianten denkbar. Als problematisch erscheint im ersten Zugriff insbesondere, wie der angemessene Anteil der Nutzer an der datenbezogenen Wertschöpfung erfasst werden kann, ohne deren Internetverhalten einer gutgemeinten, im Ergebnis aber freiheitsbeschränkend wirkenden „Totalüberwachung" zu unterwerfen. Die einfachste, beste und (was oft übersehen wird) bereits praktizierte Lösung für eine angemessene Beteiligung der Nutzer ohne eine Totalüberwachung ist natürlich ein Interessenausgleich über den Markt: Es wird den informierten Nutzern überlassen, ob und welche Daten sie preisgeben, um im Austausch dafür die begehrten, „kostenfreien", aber keineswegs wertlosen Dienste zu erhalten.[8]

3.   Die ökonomische Bedeutung von Daten

Daten, insbesondere auch personenbezogenen Daten, kommt, wie bereits skizziert wurde, aus ökonomischer Sicht gerade für die Internetwirtschaft eine herausragende Bedeutung zu. Dabei sind (mindestens) drei Facetten zu unterscheiden:

Erstens können Daten (wie andere Güter auch) Marktgegenstände sein. Sie sind das „Hauptprodukt" auf Märkten, auf denen mit Daten gehandelt wird. So gibt es Unternehmen, die sich auf das Sammeln und Auswerten von Daten als Dienstleister für Dritte spezialisiert haben, denen sie diese Daten in aufbereiteter Form „verkaufen", z.B. Markt- und Meinungsforschungsunternehmen.[9]

Zweitens sind Daten zu einer Art „Währung des Internet" geworden.[10] Unternehmen, die mehrseitige Geschäftsmodelle verfolgen (etwa Internetsuche oder

7   Z.B. der Urheber einer Datenbank, welche die Rohdaten aufarbeitet oder eines Spielprogramms wie „World of Warcraft", welches dem Nutzer die Werkzeuge und Bestandteile für die Erstellung von Avataren und deren Austattung zur Verfügung stellt.
8   Zu den insoweit möglicherweise aufgrund von Informationsasymmetrien auftretenden Problemen s. unten III.1. und IV.5.
9   Vgl. Monopolkommission, Sondergutachten 68, 2015, Tz. 73.
10   So schon *Körber*, WRP 2012, 761, 764; *Hoeren*, WuW 2013, 463; *Geradin/Kuschewsky*, Competition Law and Personal Data, http://ssrn.com/abstract=2216088, S. 5.

soziale Netzwerke) bieten ihre Dienste auf mindestens einer Seite ohne monetären Preis an, sammeln dafür aber Nutzerdaten, um auf deren Grundlage andere Dienstleistungen zu optimieren. Scheinbar kostenfreie Internetdienste erweisen sich insoweit als eine Art Tauschgeschäft „Daten gegen Daten". Der Nutzer einer Suchmaschine begehrt Informationen, die für ihn wertvoll sind (Suchanfrage: „Seit wann gibt es Pizza?"), und im Gegenzug liefert er andere Informationen über sich (etwa die IP-Adresse, aus der u.a. sein Standort ermittelt werden kann) und seine Interessen, die für den Betreiber der Suchmaschine oder des sozialen Netzwerks wertvoll sind (der Nutzer interessiert sich für Pizza).

Drittens und vor allem sind Daten mithin auch eine wertvolle Ressource.[11] Daten können dazu beitragen, die angebotenen Dienste auf allen Marktseiten zu optimieren und damit letztlich mittelbar auch monetäre Einnahmen zu generieren. Erhebung und Aufbereitung von Nutzerdaten ermöglicht es Unternehmen wie Google oder Facebook *einerseits,* auf der Nutzerseite die Qualität von Diensten (z.B. der Internetsuche) zu verbessern oder bestimmte innovative Dienste überhaupt erst anzubieten.[12] Wer sich in Göttingen aufhält und einen „Zahnarzt" sucht, dem ist z.B. mit Arzt-Adressen in Göttingen regelmäßig besser gedient als mit solchen in Los Angeles, und ein Autoliebhaber wird sich bei der Suchanfrage „Jaguar" ganz andere Ergebnisse wünschen als ein Tierfreund. *Andererseits* ermöglicht die Kenntnis von Standortdaten, Interessen und anderen Eigenschaften der Nutzer auf der Werbeseite des Marktes die Schaltung zielgenauerer Werbung und damit ebenfalls eine höhere Dienstequalität. Dies ist natürlich in erster Linie für die Werbekunden von Internetplattformen wie Google Search oder Facebook von Vorteil. Aber auch der Nutzer profitiert davon; nicht nur, weil er seinen Interessen entsprechende und damit willkommene oder jedenfalls weniger störende Werbung angezeigt bekommt, sondern vor allem deshalb, weil über die Werbeseite des Marktes die Dienste auf der Suchseite finanziert werden, für die er sonst einen Geldpreis zahlen müsste.[13] Irgendwie muss schließlich auch der Betreiber einer Suchmaschine oder eines sozialen Netzwerks Geld verdienen, was in der öffentlichen Debatte leider oft übersehen wird.

Das Potential von Daten zur Förderung der Dienstequalität ist auf den mehrseitigen Märkten der Datenökonomie des Internet auch wettbewerblich besonders wichtig, weil auf diesen Märkten die Rolle des normalerweise im Vordergrund stehenden Preiswettbewerbs zurücktritt: Bei der Internetsuche findet z.B. auf der Suchseite definitionsgemäß kein Preiswettbewerb statt. Entscheidend

---

11 Vgl. *Geradin/Kuschewsky* (Fn. 10), S. 4.
12 *Weber*, ZWeR 2014, 169, 171.
13 Vgl. *Geradin/Kuschewsky* (Fn. 10), S. 3.

sind vielmehr die Faktoren Qualität und Innovation. Das bedeutet zugleich, dass geringe Qualität nicht (wie auf traditionellen Märkten, etwa den Märkten für Pkw oder Smartphones) durch einen geringeren Geldpreis kompensiert werden kann. Und selbst wenn man die Menge der erhobenen Daten als „Preis" ansehen wollte, würde sich dieser Befund nicht wesentlich ändern, da die Nutzer offensichtlich nicht bereit sind, eine schlechtere Qualität hinzunehmen, nur, weil der Anbieter eines Dienstes dafür im Gegenzug weniger Daten erhebt. Am Markt beworbene „Datensparsamkeit" hat weder den VZ-Netzwerken im Wettbewerb mit Facebook noch der Suchmaschine DuckDuckGo im Wettbewerb mit Google geholfen. Diese Besonderheiten haben die – auf den ersten Blick paradoxe – Konsequenz, dass die Kunden auf Märkten der „Kostenlos-Kultur" des Internet tendenziell strengere Maßstäbe an die Produkt- und Dienstequalität anlegen als auf monetären Märkten.[14] Und schließlich ist auch auf der Werbeseite die Relevanz des Preiswettbewerbs eingeschränkt, weil diese Marktseite durch Netzeffekte eng mit der Suchseite verbunden ist und von der Suchseite abhängt. Eine erfolgreiche Suchseite sichert größtmögliche Aufmerksamkeit und trägt gleichzeitig dazu bei, die Zielgenauigkeit der Werbung zu verbessern.

Wettbewerblich ist die Situation mithin ambivalent: Auf der einen Seite kann der Zugriff auf die Ressource „Daten" die Konsumentenwohlfahrt steigern. Andererseits stellt sich die Frage, inwieweit die Konzentration vieler Daten in den Händen weniger Unternehmen den Wettbewerb beeinträchtigen und Machtmissbräuchen Vorschub leisten kann.[15] Daten sind auf den mehrseitigen Märkten des Internet ein besonders wichtiger „Wettbewerbsfaktor" und damit möglicherweise auch ein „Machtfaktor".[16] Spätestens an dieser Stelle kommt das Kartellrecht und damit unsere Ausgangsfrage ins Spiel: Ist bzw. begründet Wissen Marktmacht?

---

14 *Geradin/Kuschewsky* (Fn. 10), S. 3 f. Dass es sich bei diesen Märkten trotz Unentgeltlichkeit um Märkte i.S.d. GWB handelt, soll durch § 18 Abs. 2a GWB klargestellt werden.

15 Vgl. Monopolkommission, Sondergutachten 68, 2015, Tz. 161 ff. zur Datenkonzentration.

16 Monopolkommission, Hauptgutachten 20, 2012/2013, Tz. 20 ff.; vgl. *Newman*, Yale Journal on Regulation, Vol. 30, No. 3, 2014, 401, 420 f.; *Shelanski*, 161 U. Pa. L. Rev. 1663 2012-2013, 1663, 1679 ff.

II.   Daten als Wettbewerbs- und Machtfaktor in der Internetökonomie

1.   „Datenmacht" und Marktmacht

Fragt man, wie Marktmacht in der Internetökonomie kartellrechtlich bestimmt werden kann, so stößt man in der öffentlichen Debatte häufig auf „Milchmädchenrechnungen" nach dem Muster: „Google hat 90 % Marktanteil auf dem Suchmarkt, also verfügt Google auch über 90 % der Daten. Daten sind ein Machtfaktor, also ist Google aufgrund seiner Datenmacht marktbeherrschend und muss reguliert oder sogar zerschlagen werden". Eine solche Rechnung greift zu kurz, weil sie eine Reihe von Konstanten unterstellt, wo in der Realität nur vage und zudem kaum erforschte Variablen existieren. So ist z.B. umstritten, ob es überhaupt einen „Suchmarkt" gibt und wie dieser definiert wird. Den „Suchmarkt", der in der Presse und wohl auch von der EU-Kommission im Rahmen ihrer Ermittlungen gegen Google[17] beschrieben wird, gibt es in der Realität des Internet gar nicht bzw. es handelt sich jedenfalls nicht um einen Markt im kartellrechtlichen Sinne. Dies wurde ebenso wie die Unmöglichkeit einer ex ante-Regulierung der Internetsuche und die Unangemessenheit einer „Zerschlagung" von Unternehmen wie Google oder Facebook bereits an anderer Stelle erörtert.[18] Aber auch Schlüsse von der Datenmenge eines Unternehmens auf „Datenmacht" oder von „Datenmacht" auf Marktmacht greifen zu kurz.

2.   Viele Daten = viel Macht?

Die öffentliche Diskussion über „Datenmacht" ist häufig auf die reine Datenmenge fokussiert. Es entsteht der Eindruck, es gelte die einfache Formel „Viele Daten = viel Macht". Schon die obigen Betrachtungen zum Datenbegriff haben demgegenüber deutlich gemacht, dass eine solche, rein quantitative Betrachtung unzureichend ist. Es kann schon angesichts der Vielfalt der Daten und ihrer Einsatzmöglichkeiten (und der entsprechenden Bedarfe) ganz offensichtlich nicht allein auf die schiere Masse an (irgendwelchen) Daten ankommen, über die ein Unternehmen verfügt. Vielmehr sind auch die Art und Qualität der Daten, ihre Relevanz in Bezug auf die konkret betroffenen Märkte sowie die mit den Daten verfolgten Zwecke in die Betrachtung einzubeziehen.[19] Nicht alle Daten sind für

---

17   Vgl. KOMM., Pressemitteilungen IP/15/4780 vom 15.4.2015 und IP/16/1492 vom 20.4.2016.
18   Dazu *Körber*, NZKart 2015, 415, 417.
19   Vgl. *Weber*, ZWeR 2014, 169, 173.

jeden Dienst oder jeden Zweck gleich wertvoll oder überhaupt von Wert. Zudem verlieren Daten oft mit der Zeit an Wert: Was einen Nutzer 2014 interessiert hat, spielt 2016 möglicherweise schon keine Rolle mehr. Hinzu kommt, dass z.B. Online-Händler wie Amazon, vor allem aber Banken und Kreditkartenunternehmen über wesentlich bessere und damit wertvollere Daten hinsichtlich unserer Kaufpräferenzen verfügen als z.B. die in der Öffentlichkeit mit „Datenmacht" assoziierten Suchmaschinen. Die Kommission hat dazu im Verfahren *Google/ DoubleClick* zu Recht ausgeführt:

> „Der Wettbewerb um die Qualität der gesammelten Daten wird daher nicht nur durch den schieren Umfang der jeweiligen Datenbank bestimmt, sondern auch von den verschiedenen Arten von Daten, auf die die Wettbewerber Zugriff haben, und die Frage, welche dieser Arten sich als die nützlichste für die Zwecke der Internetwerbung erweisen wird."[20]

Mehr Daten können, wie oben ausgeführt wurde, dazu beitragen, bessere Produkte zu liefern als die Wettbewerber. Aber mehr Daten sind nicht immer zwangsläufig besser. Auch hierbei handelt es sich um eine Gradfrage. So verursacht die Speicherung und Verarbeitung von Daten Kosten. Es erscheint nicht fernliegend, dass sich die Gewinnung und Verarbeitung weiterer Daten ab einer bestimmten Datenmenge nicht mehr lohnt, weil der Qualitätsgewinn im Verhältnis zum erforderlichen Aufwand zu gering wird.[21] Ökonomen würden hier von abnehmenden Grenzerträgen sprechen. Schließlich müssen alte oder redundante Daten ständig aussortiert werden, weil ein Zuviel an alten oder „schlechten" Daten die Dienstequalität verschlechtern würde.

3.   Qualität von Datenbanken, Algorithmen und Diensten

Fragt man nach dem „Datenreichtum" von Unternehmen und der daraus möglicherweise ableitbaren Marktmacht, so ist ferner nicht nur der „Rohstoff Daten" ausschlaggebend. Entscheidend ist vielmehr, was die Unternehmen daraus machen. Wertvoll sind letztlich weniger die „Rohdaten" als die aus ihnen aufgebauten Datenbanken und gewonnenen Informationen und Erkenntnisse. Die Erkenntnisqualität hängt aber nicht nur von der Datenmenge, sondern ganz wesentlich auch von der Qualität der Datenverarbeitungsalgorithmen ab.[22] Letztlich entscheidend für den Markterfolg und damit ggf. auch für die Marktmacht von Unternehmen ist aber die Qualität und Durchsetzungsfähigkeit der mithilfe der Da-

---

20   KOMM., 11.3.2008, M.4731 – *Google/DoubleClick*, Tz. 273.
21   A.A. wohl *Newman*, Yale Journal on Regulation, Vol. 30, No. 3, 2014, S. 421 und 424.
22   Vgl. *Weber*, ZWeR 2014, 169, 173.

ten angebotenen Dienste. Dies musste z.B. auch Google erfahren, dessen soziales Netzwerk „Google+" sich nicht gegen Facebook durchsetzen konnte, obwohl Google sicher nicht unter „Datenarmut" leidet.

4.   Daten als sich nicht-abnutzende und nicht-ausschließliche Güter

Schließlich verbietet sich ein „Kurzschluss" nach dem Muster „Viele Daten = viel Macht" auch deshalb, weil Daten im Vergleich zu anderen Ressourcen Besonderheiten aufweisen: *Einerseits* verlieren zwar auch Daten mit der Zeit an Wert, aber sie nutzen sich – anders als die meisten physischen Ressourcen – durch ihren Gebrauch nicht unmittelbar ab. Sie werden durch ihre Nutzung regelmäßig nicht verbraucht. Dasselbe Datum kann – von demselben oder verschiedenen Unternehmen – grundsätzlich immer wieder verwendet werden.[23] *Andererseits* und vor allem handelt es sich bei Daten ihrer Natur nach (anders als z.B. bei Patenten, Urheberrechten oder Geschäftsgeheimnissen, um die es z.B. im *Microsoft*-Verfahren ging) um nicht-ausschließliche Güter. Dass Unternehmen A über ein Datum verfügt, hindert Unternehmen B grundsätzlich nicht daran, dasselbe Datum oder vergleichbare Daten zu erheben, zu verarbeiten und zu nutzen.

5.   Zwischenfazit

In der Summe erweist sich die Bestimmung von „Datenmacht" und die Ableitung von Marktmacht daraus als ein überaus komplexes Unterfangen. Kurzschlüsse – etwa von Marktanteilen oder gar Reichweiten (reach)[24] – auf „Datenmacht" oder Marktmacht von Unternehmen verbieten sich ebenso wie eine rein quantitative Betrachtung.

In der Internetökonomie existieren hinsichtlich der Relevanz von Daten aus ökonomischer wie juristischer Sicht noch viele Unbekannte. Es ist dringend „Grundlagenforschung" erforderlich, bevor durch vorschnelle Eingriffe in neuar-

---

23   Vgl. Monopolkommission, Sondergutachten 68, 2015, Tz. 65. Es ist natürlich auch denkbar, dass bestimmte Daten exklusiv einem bestimmten Unternehmen überlassen werden.

24   Die Reichweite eines Dienstes (reach) drückt den Anteil der Nutzer aus, die ihn verwenden. Da es den Nutzern freisteht, mehrere Dienste parallel zu nutzen (sog. „multihoming"), können die addierten Reichweiten konkurrierender Unternehmen weit über 100 % liegen. Z.B. haben ARD und ZDF als TV-Sender in Deutschland jeweils vermutlich eine Reichweite von an die 100 %, ohne dass sich daraus irgendwelche Schlüsse auf Marktmacht oder gar auf ein Monopol ziehen ließen.

tige Märkte, die man gerade erst zu verstehen beginnt, möglicherweise mehr Schaden angerichtet als Nutzen gestiftet wird.

Der Begriff „Datenmacht" ist vor diesem Hintergrund kein juristischer Terminus, sondern eher ein politischer Begriff. „Datenmacht" eines Unternehmens allein (wie auch immer man diesen Begriff definiert) würde nicht zwingend zu Marktmacht führen. Daten (bzw. eigentlich: die daraus gewonnenen Informationen und Erkenntnisse) sind eine wichtige Ressource der Internetökonomie. Daher kann „Datenreichtum" oder ein privilegierter Zugang zu Daten (wie bei anderen Ressourcen auch) im Rahmen einer wettbewerblichen Gesamtbetrachtung ein wichtiger Faktor (unter mehreren) sein, der für die Annahme von Marktmacht in die Waagschale fällt. Eine diesbezügliche Klarstellung soll durch den neuen § 18 Abs. 3a GWB („Zugang zu Daten" als neues Kriterium) erfolgen.

Allerdings ist selbst festgestellte Marktmacht kartellrechtlich nicht verboten (und dementsprechend ist es „Datenmacht" als bloßer Faktor für deren Bestimmung erst recht nicht). Die Feststellung, dass ein Unternehmen über eine marktbeherrschende Stellung verfügt, bedeutet nur, dass es überhaupt Adressat der kartellrechtlichen Missbrauchsverbote ist, nicht aber, dass es diese verletzt hat. Für ein Verbot oder gar Bußgeld auf der Basis des § 19 GWB bzw. des Art. 102 AEUV bedarf es zusätzlich eines Missbrauchsverhaltens im Sinne eines Ausbeutungs- oder Behinderungsmissbrauchs. Und bevor eine ex ante-Regulierung überhaupt erwogen werden kann, muss nicht nur ein Marktversagen festgestellt werden, sondern auch deutlich geworden sein, dass eine Anwendung des Kartellrechts für die Korrektur dieses Marktversagens unzureichend ist.[25]

III. Datenbezogener Machtmissbrauch

Literatur und Praxis zum Verhältnis von Kartellrecht zum Datenschutz(recht) sind derzeit noch recht überschaubar. Aus der Praxis sind insbesondere die auf beiden Seiten des Atlantik erfolgten Untersuchungen der Zusammenschlüsse *Google/DoubleClick*[26] und *Facebook/WhatsApp*[27] sowie die Ermittlungen der

25 Als Maßstab bietet sich insoweit der sog. „Drei-Kriterien-Test" des § 10 Abs. 2 S. 1 TKG an: „Für eine Regulierung [...] kommen Märkte in Betracht, die durch beträchtliche und anhaltende strukturell oder rechtlich bedingte Marktzutrittsschranken gekennzeichnet sind, längerfristig nicht zu wirksamem Wettbewerb tendieren und auf denen die Anwendung des allgemeinen Wettbewerbsrechts allein nicht ausreicht, um dem betreffenden Marktversagen entgegenzuwirken".
26 Vgl. KOMM., 11.3.2008, M.4731 – *Google/DoubleClick*; FTC, 11.12.2007, File No. 071-0170 – *Google/DoubleClick* (https://www.ftc.gov/system/files/documents/public_statements/418081/071220googledc-commstmt.pdf).

Kommission gegen Google in Bezug auf die Internetsuche bzw. Google Shopping[28] und Android[29] und die Ermittlungen des Bundeskartellamtes gegen Facebook[30] zu nennen. Im Zusammenhang mit diesen Verfahren ist auch immer wieder die Forderung nach einem Einsatz kartellrechtlicher Instrumentarien zum Schutz der Nutzerdaten erhoben worden. In jüngerer Zeit hat sich auch die Monopolkommission in ihrem 20. Hauptgutachten 2012/2013 und im Sondergutachten 68 aus dem Jahre 2015 mit der Frage des datenbezogenen Machtmissbrauchs befasst.[31]

Bis dato wurden diese Aspekte zumeist nur in Bezug auf Werbemärkte untersucht.[32] Die zweiseitigen Geschäftsmodelle des Internet gebieten jedoch eine Einbeziehung aller Marktseiten, weil eine Fokussierung allein auf die Werbeseite die Wettbewerbsverhältnisse nicht korrekt erfassen würde.[33] So begründet es z.B. bei der Internetsuche weder eine Kampfpreisunterbietung, dass die Suche kostenlos ist, noch stellt es einen Preismissbrauch dar, dass die Werbeseite sozusagen zur „Quersubventionierung" der Suchseite herangezogen wird. Dieses besondere Preissystem ist vielmehr Ausdruck eines innovativen legalen Geschäftsmodells.[34]

1. Durch Art. 102 AEUV verbotene Ausbeutung der Internetnutzer?

In der Literatur[35] und Praxis[36] finden sich Stimmen, die einen Ausbeutungsmissbrauch der Internetnutzer durch Unternehmen wie Google oder Facebook nahe-

---

27 Vgl. KOMM., 3.10.2014, M.7217 – *Facebook/WhatsApp.*
28 Dazu KOMM., Pressemitteilung IP/15/4780 vom 15.4.2015; eingehend *Körber,* NZKart 2015, 415 ff. m.w.N.
29 Dazu KOMM., Pressemitteilung IP/16/1492 vom 20.4.2016; eingehend *Körber*, Let's talk about Android, http://ssrn.com/abstract=2462393 und *ders.*, NZKart 2014, 378 ff., jeweils m.w.N.
30 S. http://www.bundeskartellamt.de/SharedDocs/Meldung/DE/Pressemitteilungen/2016/02_03_2016_Facebook.html.
31 Beide abrufbar über www.monopolkommission.de.
32 Vgl. Monopolkommission, Sondergutachten 68, 2015, Tz. 110; s. auch *Newman*, Yale Journal on Regulation, Vol. 30, No. 3, 2014, 401, 416 ff.
33 Vgl. z.B. KOMM., Horizontalleitlinien, ABl. 2004, C 31/5, Tz. 28 ff.
34 Dazu bereits *Körber*, WuW 2015, 120, 130 sowie jüngst BMWi, Grünbuch Digitale Plattformen, Mai 2016 und BKartA, B6-113/15, Arbeitspapier – Marktmacht von Plattformen und Netzwerken, Juni 2016.
35 Vgl. etwa *Calo*, The Georg Washington Law Review 2014, Vol. 82 No. 4, S. 995, 1005 ff. (http://ssrn.com/abstract=2309703; *Newman*, Yale Journal on Regulation, Vol. 30, No. 3, 2014, 401, 441 f.

legen. Diese Vorwürfe basieren regelmäßig auf drei – für sich genommen bis zu einem gewissen Grade zutreffenden – Prämissen: *erstens*, dass die Nutzerdaten einen ökonomischen Wert haben, *zweitens*, dass die Nutzer mit diesen Daten die scheinbar kostenfreien Dienste vergüten, und *drittens*, dass die Nutzer sich dessen oft gar nicht bewusst sind bzw. jedenfalls nicht wissen, was ihre Daten wert sind, dass also Informationsasymmetrien bestehen, die von den Unternehmen ausgenutzt werden könnten. Daraus wird dann teilweise gefolgert, dass die Nutzer keine vollwertige Gegenleistung für ihre wertvollen Daten erhielten. Es liege mithin ein Preis- bzw. Konditionenmissbrauch vor.[37]

Dieser Aspekt bedarf indes einer differenzierten Betrachtung: *Einerseits* erscheint es in der Tat nicht ausgeschlossen, dass Informationsasymmetrien zu einer Ausbeutung führen *könnten*. *Andererseits* muss dies aber in der Praxis sorgfältig geprüft und vor allem auch bewiesen werden. Ein solcher Nachweis ist bisher aber nicht überzeugend geführt worden. Bereits die These vom „unwissenden Internetnutzer" erscheint heutzutage vielzu pauschal. Es ist eher wahrscheinlich, dass die meisten Nutzer wissen, dass es auch im Internet nichts geschenkt gibt und dass sie Daten preisgeben. Die Zahl der völlig unkundigen Nutzer, für welche das Internet auch im Jahre 2016 noch „Neuland" ist, dürfte – auch im Lichte der intensiven öffentlichen Debatten – immer geringer werden.

Des Weiteren ist keineswegs bewiesen, sondern wird üblicherweise nur behauptet, dass die Daten der Kunden deutlich wertvoller sind als die von den Unternehmen erbrachten Dienste. Dabei wird in der öffentlichen Debatte *einerseits* oft übersehen, dass auch die werbefinanzierten Dienste für den Nutzer einen unter Umständen erheblichen Wert haben. Wer beruflich kostenpflichtige Datenbanken nutzt, mag abschätzen können, welchen Wert die monetär kostenfreien Suchdienste von Google, Yahoo!, Bing oder DuckDuckGo haben. *Andererseits* besteht das Problem, dass sowohl hinsichtlich des Wertes der Nutzerdaten (und der Verfügungsbefugnis darüber)[38] als auch hinsichtlich des Wertes der werbefinanzierten Internetdienste große Unsicherheit besteht.

Allerdings gibt es Indizien, die insoweit gewisse Rückschlüsse erlauben. So existieren Märkte, auf denen kostenpflichtige Angebote mit kostenfreien, werbefinanzierten (und damit letztlich auch auf Datenerhebung und -verarbeitung basierenden) Produkten konkurrieren. Nach einer aktuellen Untersuchung dominie-

---

36   Z.B. BKartA-Verfahren gegen Facebook, s. http://www.bundeskartellamt.de/Shared Docs/Meldung/DE/Pressemitteilungen/2016/02_03_2016_Facebook.html, dazu ausführlich unten bei Fn. 82.

37   Vgl. *Newman*, Yale Journal on Regulation, Vol. 30, No. 3, 2014, 401, 441 f. (ohne nähere Begründung); s. auch *Weber*, ZWeR 2014, 169, 175.

38   Dazu oben I.2.

ren z.B. in Apples App Store kostenlose, werbefinanzierte Apps mit einem Anteil von 73 %; und das, obwohl die werbefreie Kaufversion regelmäßig nur wenige Euro kostet. In die gleiche Richtung deuten Beobachtungen auf anderen Märkten – etwa bei der Konkurrenz von kostenpflichtigen und kostenlosen Kartendiensten, Kommunikationsdiensten oder Emaildiensten.[39] Man kann darin natürlich auch einen Ausdruck von Informationsasymmetrien sehen. Aber es spricht mehr dafür, dass die Internetnutzer die für die Preisgabe ihrer Daten erbrachte Gegenleistung durchaus für angemessen halten. Dies gilt umso mehr, als die Daten durch ihre Preisgabe grds. nicht verbraucht werden. Die Nutzer können mit ihnen daher – als als mit Geld – mehrfach „bezahlen".

Mit anderen Worten: Die Preisbildung erfolgt – wie in anderen Wirtschaftsbereichen auch – grundsätzlich am Markt, mit dem Unterschied, dass kein Geldpreis, sondern ein „Datenpreis" gezahlt wird. Unterschiedliche Nutzer haben unterschiedliche Präferenzen, und die Entscheidung darüber, was gut oder schlecht für die Konsumenten ist, sollte bei diesen selbst und nicht bei Kartellbehörden oder Datenschutzbehörden liegen.[40] Aufgabe dieser Behörden sollte es vielmehr sein, die Konsumentensouveränität zu stärken.

Damit soll nicht in Abrede gestellt werden, dass es im Einzelfall zu einer Ausbeutung der Internetnutzer kommen kann. Beispielsweise sind die Daten- und Urheberrechtsklauseln in den AGB vieler Internetunternehmen bedenklich weit bzw. unklar formuliert und verstoßen dadurch möglicherweise gegen das AGB-Recht und/oder das Datenschutzrecht. Die Frage, ob bzw. unter welchen Voraussetzungen es in einem solchen Fall *zusätzlich* auch zu einem durch die Kartellbehörden verfolgbaren „Machtmissbrauch durch Verletzung des Datenschutzrechts" kommen kann, steht im Mittelpunkt der aktuellen Ermittlungen des Bundeskartellamtes gegen Facebook. Darauf wird noch ausführlich in Abschnitt IV.5 zurückzukommen sein.

2.   Preisdiskriminierung

Einige Stimmen in der Literatur heben ferner die Gefahr hervor, dass Unternehmen durch die Analyse der Nutzerdaten in die Lage versetzt würden, von unterschiedlich zahlungsbereiten Nutzern unterschiedliche Preise für identische Pro-

39   A.A. *Newman*, Yale Journal on Regulation, Vol. 30, No. 3, 2014, 401, 442, der etwas pauschal von einem Wunsch der Nutzer spricht, weniger Daten preiszugeben.
40   Vgl. *Weber*, ZWeR 2014, 169, 177.

dukte oder Dienste zu verlangen, d.h. anhand von IP-Adresse, Postleitzahl, Suchverhalten oder verwendetem Computer Preisdiskriminierung zu betreiben.[41] Rein technisch ist diese Möglichkeit in der Tat gegeben. Allerdings besteht sie *erstens* nicht nur bei marktbeherrschenden Unternehmen, *zweitens* muss Preisdifferenzierung nicht zwingend schlecht oder gar verboten sein, und *drittens* und vor allem erscheint zweifelhaft, ob ein hinreichender Anreiz besteht, die theoretisch bestehende Fähigkeit zur Preisdiskriminierung auch in die Tat umzusetzen.

Eine *offene Preisdifferenzierung,* etwa durch Rabatte oder Sonderpreise für bestimmte Kundengruppen (z.B. Sonderpreise für Forschung und Lehre oder für Mitglieder von „Amazon Prime"), die auch als solche ausgewiesen werden, ist kartellrechtlich grundsätzlich nicht zu beanstanden. Gleiches gilt für eine offene Änderung der Preise in Abhängigkeit von der Tageszeit, wie sie bei den Benzinpreisen schon lange üblich ist und z.B. auch bei Supermärkten zur Steuerung der Kundenströhme zwecks besserer Auslastung „rund um die Uhr" denkbar wäre.

Eine *versteckte Preisdiskriminierung,* bei der einige Kunden „übervorteilt" werden, bliebe demgegenüber in Zeiten des Internet nicht lange verborgen. Würden Unternehmen besonders zahlungskräftigen (und damit zugleich besonders wertvollen) Kunden höhere Preise berechnen als anderen, so würden sie riskieren, diese Kunden zu verlieren, wenn dieses Verhalten pubik wird.

Es erscheint wenig wahrscheinlich, dass ein Anbieter dieses Risiko eingehen würde. Immer wieder im Internet kursierende Gerüchte, Internethändler würden z.B. bei Bestellungen per teurem iPad oder Mac-Computer höhere Preise verlangen als bei Bestellungen mit einem günstigen Android-Tablet oder Windows-PC, konnten bisher nicht empirisch verifiziert werden. Im Gegenteil belegt eine groß angelegte, aktuelle US-Studie zu „Multichannel-Händlern" (die sowohl über das Internet als auch stationär Produkte anbieten), dass bei diesen ein solches Verhalten nicht anzutreffen ist. Die geforderten Preise blieben unabhängig von Postleitzahl, Suchverhalten oder verwendetem Computer konstant.[42]

---

41   Dazu auch Monopolkommission, Sondergutachten 68, 2015, Tz. 80 ff.; *Weber,* ZWeR 2014, 169, 176.
42   Dazu http://hd.welt.de/eilmeldung_welthd/eilmeldung/article155161399/Online-Preise-sind-selten-guenstiger.html.

3.   Durch Art. 102 AEUV verbotene Behinderung der Wettbewerber

a)   Zugang zum „Datenschatz" nach der essential facilities-Doktrin?

Ein datenbasierter Machtmissbrauch ist nicht nur als Ausbeutungsmissbrauch gegenüber Marktpartnern (insbesondere Verbrauchern) denkbar, sondern auch als Behinderungsmissbrauch gegenüber Wettbewerbern. In der Literatur wird zum Teil behauptet, dass Unternehmen wie Google allein aufgrund der schieren Datenmasse einen für die Wettbewerber uneinholbaren Vorsprung aufgebaut hätten, weshalb ihr „Datenschatz" eine sog. „essential facility" (wesentliche Einrichtung) darstelle.[43]

Wäre dies der Fall, so könnte die bloße Verweigerung des Zugangs der Wettbewerber zu diesem „Datenschatz" einen durch Art. 102 AEUV verbotenen Machtmissbrauch darstellen. Ein Zugangsanspruch zu einer essential facility besteht allerdings nach ständiger Rechtsprechung des EuGH nur unter „außergewöhnlichen Umständen", weil die Anwendung der essential facilities-Doktrin einen massiven Eingriff in die Eigentums- und Vertragsfreiheit darstellt und zudem dem kartellrechtlichen Grundsatz widerspricht, dass niemand gezwungen werden darf, fremden Wettbewerb zum eigenen Nachteil zu fördern. Die Annahme „außergewöhnlicher Umstände" setzt daher nach der Rechtsprechung des EuGH (kumulativ) voraus, dass (1.) der Zugang der Wettbewerber unerlässlich für den Zugang zu einem benachbarten Markt ist, (2.) dass die Zugangsverweigerung jeden wirksamen Wettbewerb auf diesem Markt ausschließt, (3.) dass sie das Erscheinen eines neuen Produkts verhindert und (4.) dass keine objektive Rechtfertigung für die Zugangsverweigerung besteht.[44]

Vorliegend ist bereits nicht ersichtlich, dass der „Datenschatz" von Unternehmen wie Google oder Facebook eine nicht duplizierbare und damit essentielle Ressource darstellen könnte. Anders als die Urheberrechte, um die es in den Fällen *Magill*[45] und *IMS Health*[46] ging, und anders als die geheimen Schnittstel-

---

43   Dazu auch *Geradin/Kuschewsky* (Fn. 10), S. 13 ff.; *Weber*, ZWeR 2014, 169, 181 ff.
44   Vgl. EuGH, 29.4.2004, Rs. C-418/01, Slg. 2004, I-5039– *IMS Health GmbH*, Tz. 34 ff.; dazu auch *Körber*, RIW 2004, 881 ff. Das Erfordernis eines „neuen Produkts" hat der EuGH bisher nur für Fälle bejaht, in denen es um Zwangslizenzen an Urheberrechten ging. Dahinter stand das Bestreben, zu vermeiden, dass durch Anwendung des Kartellrechts der Innovationswettbewerb eingeschränkt wird. Dieser Gedanke gilt hier gleichermaßen, so dass dieses Kriterium auch für die hier untersuchten Sachverhalte einschlägig ist.
45   EuGH, 6.4.1995, verb. Rs. 241 und 242/91, Slg. 1995, I-743 – *Magill (RTE and ITP)*, Tz. 48 ff.
46   EuGH, 29.4.2004, Rs. C-418/01, Slg. 2004, I-5039 – *IMS Health GmbH,* Tz. 34 ff.

lenprotokolle im *Microsoft*-Fall,[47] handelt es sich bei den Daten der Nutzer und Werbekunden um eine nicht-ausschließliche Ressource.

Zudem haben die Internetriesen von heute selbst auch klein angefangen und mussten damals die Marktzutrittsschranken überwinden, die sich aus den größeren Datenbeständen (und insoweit bestehenden economies of scale) der damaligen „Platzhirsche" Yahoo! und MySpace ergaben. Sowohl die EU-Kommission als auch die US-amerikanische FTC haben daher in ihren Entscheidungen zum Zusammenschluss *Google/DoubleClick* zu Recht hervorgehoben, dass in dem großen Datenbestand der neuen Einheit keine „essential facility" zu sehen sei.[48]

Was damals richtig war, ist es auch heute noch: *Einerseits* gibt es neben Google und Facebook eine Vielzahl anderer Unternehmen (z.B. Microsoft, Amazon, Twitter, Kreditkartenunternehmen, Banken usw.), die ebenfalls über umfangreiche eigene Nutzerdaten verfügen. *Andererseits* stehen den Wettbewerbern hinreichende Möglichkeiten offen, ähnliche Daten selbst zu erstellen oder von Dritten zu erwerben. Dass dies ggf. mühsam und teuer ist, stellt – wie der EuGH im Fall *Bronner* betont hat – keinen Grund für die Annahme einer essential facility dar. Eine solche liegt nach *Bronner* nur vor, wenn Dritte die wesentliche Einrichtung weder allein noch in Zusammenarbeit mit anderen duplizieren können und keine anderen – auch weniger effektiven – Wege des Marktzutritts existieren.[49] Davon kann hier nicht die Rede sein.

Dagegen mag man einwenden, dass z.B. der Vorsprung von Yahoo! beim Marktzutritt von Google im Jahre 1998 geringer war als der Vorsprung von Google heute. Das ist im Grundsatz zutreffend, doch sind solche Einwände gleichwohl zu sehr von einer durch den technischen status quo geprägten Sichtweise beeinflusst, die dem hohen Innovationstempo der Internetökonomie nicht gerecht wird. Als sich im Jahre 2000 AOL und TimeWarner zusammenschlossen, befürchteten nicht wenige, dadurch würde AOL „das Internet" kontrollieren (wie dies heute manche in Bezug auf Google meinen). Die weitere Entwicklung hat gezeigt, dass dies nicht der Fall war. AOL ist heute so gut wie irrelevant.

Das bloße *Nichtteilenwollen* der Daten (oder gar der Algorithmen) stellt daher keinen Missbrauch i.S.d. essential facitlies-Doktrin dar, ganz abgesehen davon, dass ein *Teilenmüssen* mit Wettbewerbern, gerade wenn es sich um personenbezogene Daten handelt, Probleme in Bezug auf den Datenschutz aufwerfen würde. Personenbezogene Nutzerdaten, deren Verwendung durch Unternehmen A die Nutzer zugestimmt haben, dürfen aus datenschutzrechtlichen Gründen nicht ein-

---

47 Vgl. EuG, 22.12.2004, Rs. T-201/04 R - *Microsoft*, Tz. 192 ff.
48 KOMM., 11.3.2008, M.4731 – *Google/DoubleClick*, Tz. 364 ff.; FTC (Fn. 26), S. 12.
49 EuGH, 26.11.1998, Rs. C-7/97, Slg. 1998, I-7791 – *Bronner*, Tz. 41 f.

fach ohne Zustimmung dieser Nutzer an Unternehmen B weitergegeben werden, nur, weil dies möglicherweise die Wettbewerbsfähigkeit von Unternehmen B fördert. Hier setzt im Gegenteil das Datenschutzrecht den Anordnungsbefugnissen der Kartellbehörden Grenzen.[50]

b)   Missbräuchliche Behinderungspraktiken

Ein Machtmissbrauch könnte allerdings vorliegen, wenn ein marktbeherrschendes Unternehmen wettbewerbswidrige Maßnahmen ergreift, um Wettbewerber von beherrschten oder dritten Märkten fernzuhalten und dadurch seine Vormachtstellung auszubauen oder abzusichern. Mit Blick auf Google wurden bzw. werden insoweit verschiedene Verhaltensweisen diskutiert, etwa der Abschluss von Exklusivverträgen, die es den Kunden untersagten, plattformübergreifende Werbekampagnen zu betreiben oder Daten zu neuen Anbietern mitzunehmen[51] oder auch Marktmachtübertragungen durch die Schaffung von Produktbündeln[52] sowie Verstöße gegen die „Suchneutralität", durch welche Dritte am Sammeln von Daten gehindert würden.[53] Ob ein marktbeherrschendes Unternehmen sich solcher Praktiken bedient, ist im Einzelfall sorgfältig zu prüfen. Werden kartellrechtswidrige Vereinbarungen getroffen, kann zusätzlich zu Art. 102 AEUV auch Art. 101 AEUV verletzt sein.

Diese Aspekte sind Gegenstand intensiver Dispute in Wissenschaft und Praxis und können hier nicht vertieft werden.[54] Allerdings sollte man sich auch hier vor vorschnellen, oft eher politisch als juristisch motivierten Schlussfolgerungen hüten. So ist z.B. offensichtlich, dass es eine „Suchneutralität" im Sinne einer „objektiv richtigen" Reihung der Suchergebnisse nicht geben kann, weil es gerade die Aufgabe von Suchmaschinen ist, aus Myriaden von Internetinformationen diejenigen herauszufiltern, welche nach dem (subjektiven) Votum der Suchmaschine am besten der Suchanfrage entsprechen. Die (notwendig subjektive) Wertung durch die Suchmaschine und die daraus resultierenden unterschiedlichen Suchergebnisse stellen grds. keine Wettbewerbsverzerrung dar, sondern sind im

---

50   Vgl. z.B. Art. 6 Abs. 1 lit. a DSGVO.
51   Vgl. KOMM., Pressemitteilung IP/10/1624 vom 30.11.2010; *Körber,* WRP 2012, 761, 766.
52   Vgl. *Ott,* MMR 2006, 195; *ders.,* WRP 2008, 393, 406; *Kühling/Gauß,* MMR 2007, 751, 756; differenzierend *Körber,* WRP 2012, 761, 767 ff. Um solche Koppelungen geht es im Kern auch im Android-Verfahren, dazu oben Fn. 29.
53   Vgl. *Newman,* Yale Journal on Regulation, Vol. 30, No. 3, 2014, 401,447 ff.
54   Vgl. dazu Nachweise in den vorausgehenden Fn. sowie in Fn. 28 und 29.

Gegenteil regelmäßig Ausdruck des funktionierenden Wettbewerbs der Suchmaschinen.[55]

4. Fusionskontrolle

Soweit der Zugriff auf Daten geeignet ist, Marktmacht zu begründen (aber auch nur soweit) kann dieser Aspekt möglicherweise einem Zusammenschluss „datenreicher" Unternehmen im Wege stehen.[56] In diesem Kontext ist allerdings *einerseits* nochmals zu betonen, dass es „den" Markt für Daten nicht gibt, weil es sehr viele unterschiedliche Arten von Daten und Bedarfen und damit eine Vielzahl unterschiedlicher datenbezogener Märkte gibt. *Andererseits* ist daran zu erinnern, dass „mehr Daten" keineswegs automatisch auch „mehr Macht" bedeuten müssen. Dass zwei „datenreiche" Unternehmen sich zusammenschließen, bedeutet daher nicht automatisch, dass in Bezug auf die Kombination ihrer Daten negative horizontale oder nicht-horizontale Effekte auftreten müssten.

Erstens wäre es naiv, zu glauben, die Daten könnten nach einem Zusammenschluss (wie etwa Bargeldbestände der Unternehmen) einfach „in einen Topf geworfen" werden. Die Integration unterschiedlicher Datenbanken ist bereits in technischer Hinsicht ein komplexes, zeitaufwendiges und kostspieliges Unterfangen,[57] z.B. aufgrund unterschiedlicher Datenformate oder Datenbanksoftware oder mit Blick auf die Notwendigkeit der Entfernung redundanter oder veralteter Daten. Zudem können vertragliche Hindernisse bestehen. So gehörten im Fall *Google/DoubleClick* die Daten „von DoubleClick" in Wirklichkeit dessen Werbekunden, und die Kommission bezweifelte, dass die fusionierte Einheit über Fähigkeit und Anreize verfügen würde, diese Zuordnung zu ändern.[58]

Dessen unbeschadet, müssen die Kartellbehörden *zweitens* nachweisen, dass durch die Kombination der Daten Fähigkeit und Anreiz entstehen, die Wettbewerber vom Wettbewerb auszuschließen. Das ist oft nicht der Fall. Im Fall *Facebook/WhatsApp* hatten die Parteien z.B. darauf hingewiesen, dass WhatsApp damals praktisch keine relevanten Daten speicherte.[59] Die Kommission bezweifelte, dass durch den Zusammenschluss hinreichende Anreize für eine Änderung

---

55 Dazu schon *Körber,* WRP 2012, 761, 767 ff; *ders.,* ECLR 2015, 239, 242; *ders.,* NZKart 2015, 415, 422.
56 Dazu auch *Holzweber,* NZKart 2016, 104 ff. und *Weck,* NZKart 2016, 290 ff.
57 Vgl. auch KOMM., 3.10.2014, M.7217 – *Facebook/WhatsApp,* Tz. 185.
58 KOMM., 11.3.2008, M.4731 – *Google/DoubleClick*, Tz. 257 ff., 361 ff.
59 Vgl. KOMM., 3.10.2014, M.7217 – *Facebook/WhatsApp,* Tz. 181.

der bisherigen Datenschutzpolitik von WhatsApp entstehen würden.[60] Vor allem aber unterstrich sie, dass selbst eine Kombination von Daten *wettbewerblich* nur dann problematisch wäre, wenn dadurch Facebooks Position auf dem Werbemarkt gestärkt würde. Auf diesem Markt existierten nach Analyse der Kommission aber zahlreiche andere starke Unternehmen (insbesondere Google).[61] Gleichgerichtet hatten Europäische Kommission und US-amerikanische FTC schon in Bezug auf den Zusammenschluss *Google/Doubleclick* argumentiert.[62]

Schließlich können durch einen Zusammenschluss *drittens* nicht nur Wettbewerbsbeschränkungen, sondern auch Effizienzen entstehen. Beispielsweise kann die Kombination von komplementären Daten neue Produkte oder Produktverbesserungen ermöglichen, welche die Konsumentenwohlfahrt fördern und daher Effizienzvorteile begründen. Ob ein Zusammenschluss in Bezug auf Wettbewerb, Innovation und Konsumentenwohlfahrt positiv oder negativ zu bewerten ist, ist daher in jedem Einzelfall sorgfältig zu untersuchen und abzuwägen.

5. Zwischenfazit

Die vorausgehenden Ausführungen haben gezeigt, dass die Begründung von „Datenmacht", die Ableitung von Marktmacht aus dem „Datenreichtum" von Unternehmen und schließlich auch die Anwendung des Kartellrechts auf datenbezogene Verhaltensweisen solcher Unternehmen überaus komplexe Unterfangen sind. Auch wenn das Internet als solches 25 Jahre nach seinem Start sicher kein „Neuland" mehr ist, bewegen sich die Kartell- und Regulierungsbehörden auf diesem Gebiet noch weitgehend auf einer „terra incognita", die in ökonomischer wie juristischer Hinsicht zunächst sorgfältig kartographiert werden muss. Bis dies geschehen ist, ist tendenziell Zurückhaltung gegenüber staatlichen Eingriffen angezeigt, um nicht durch vorschnelle kartellbehördliche Eingriffe oder gar durch ex ante-Regulierung Wettbewerb und Innovation zu beeinträchtigen.

---

60 KOMM., 3.10.2014, M.7217 – *Facebook/WhatsApp,* Tz. 185.
61 KOMM., 3.10.2014, M.7217 – *Facebook/WhatsApp,* Tz. 187 f.
62 KOMM., 11.3.2008, M.4731 – *Google/DoubleClick,* Tz. 364 ff.; vgl. FTC (Fn. 26), S. 12; dazu auch *Weber*, ZWeR 2014, 169, 176.

IV.   Das Verhältnis von Kartellrecht und Datenschutzrecht

Besondere Probleme wirft in diesem Kontext das Verhältnis des Kartellrechts zu Datenschutz und Datenschutzrecht auf. Dieses Thema hat eine Reihe sehr unterschiedlicher Facetten.

1.   Vom „analogen" zum" digitalen" Datenschutzrecht

Die aufgrund der Digitalisierung bestehende Möglichkeit, riesige Mengen unterschiedlichster Daten zu sammeln und sehr schnell, oft in Echtzeit, zu verarbeiten und miteinander zu verknüpfen, kurz: „Big Data",[63] hat zusammen mit den NSA-Affären, mit dem EuGH-Urteil *Google Spain*[64] zum „Recht auf Vergessenwerden" und mit der Debatte über die voraussichtlich ab Mitte 2018 anwendbare DSGVO den Schutz personenbezogener Daten in den Mittelpunkt des öffentlichen Interesses gerückt.

Der vom Bundesverfassungsgericht 1983 im Volkszählungsurteil durch die Kreation des Grundrechts auf informationelle Selbstbestimmung geadelte Datenschutz,[65] wurde traditionell nach dem Muster *„Je mehr Datenschutz, desto besser"* rein positiv bewertet. In jüngster Zeit greift demgegenüber auch über Fachkreise hinaus die Erkenntnis Raum, dass der ursprünglich als Abwehrrecht *gegen den Staat* entwickelte Datenschutz[66] wie jede Art von Regulierung bei Anwendung gegenüber privaten Unternehmen zwei Gesichter hat:

Einerseits ist es unbestreitbar gerade in Zeiten von Big Data wichtig, die Daten der Bürger vor unbefugtem Zugriff und unbefugter Nutzung durch den Staat, aber auch durch Unternehmen zu schützen.

Andererseits sind Daten aber auch eine zunehmend wichtiger werdende Ressource. Dies gilt insbesondere für die digitale Wirtschaft, die immer stärker auf werbe- und damit datenbasierten mehrseitigen Geschäftsmodellen beruht. Ein für diese ökonomische Dimension blinder Datenschutz kann sich als Hindernis für den technischen und ökonomischen Fortschritt erweisen und die Wettbewerbsfähigkeit der europäischen Wirtschaft beeinträchtigen.[67] Der (möglicheweise ana-

---

63   Dazu etwa Monopolkommission, Sondergutachten 68, 2015, Tz. 64, 67 ff; s. auch *Manne/Sperry*, CPI Antitrust Chronicle May 2015 (2), S. 1 ff. = http://ssrn.com/abstract= 2617685.
64   EuGH, 13.5.2015, Rs. C-131/12 – *Google Spain*; s. auch EuGH, 6.10.2015, Rs. C-362/14 – *Schrems (Facebook)*.
65   BVerfG, 15.12.1983, BVerfGE 65, 1.
66   Dazu Monopolkommission, Sondergutachten 68, 2015, Tz. 84 ff.
67   Vgl. Monopolkommission, Sondergutachten 68, 2015, Tz. 65.

chronistische) Grundsatz der „Datensparsamkeit" gehört daher auf den Prüfstand. Aus ökonomischer Sicht gilt sogar im Gegenteil, dass gerade eine größtmögliche Transparenz besonders effizienzsteigernd ist.[68]

An die Stelle des Dogmas „Je mehr Datenschutz, desto besser" muss vor diesem Hintergrund – jedenfalls im Verhältnis zwischen Privatrechtssubjekten – eine differenzierte Sichtweise treten, die dogmatische Einäugigkeit durch praktische Konkordanz ersetzt. Das geltende Datenschutzrecht, das noch stark durch ein abwehrrechtliches Denken gegenüber dem Staat und durch den status quo der analogen 1980er Jahre geprägt ist, kann – wie jedes andere Regelungssystem auch – weder einen Absolutheitsanspruch noch einen Ewigkeitsanspruch für sich erheben. Sicherlich müssen verfassungsrechtlich verbürgte Bürgerrechte sich keinem „Primat der ökonomischen Sinnhaftigkeit" beugen. Aber die ökonomischen Gesetzmäßigkeiten zu ignorieren, wäre ebenso falsch. Ein moderner Datenschutz muss mit der Zeit gehen und sich den veränderten gesellschaftlichen und ökonomischen Bedingungen flexibel anpassen. Ziel sollte dabei wie bei jeder guten Regulierung nicht paternalistischer Schutz der Bürger vor der eigenen Dummheit sein, sondern die Schaffung von Konsumenten- und insbesondere Datensouveränität. Es sollte gelten: *„Je mehr Konsumentensouveränität, desto besser."*

2.   Datenschutzpolitik der Unternehmen als Wettbewerbsfaktor

Fragt man sich vor diesem Hintergrund nach dem Verhältnis von Datenschutz und Kartellrecht, so ist zunächst darauf hinzuweisen, dass die Datenschutzpolitik eines *Unternehmens* ein Wettbewerbsfaktor sein kann. Oder anders gefasst: Es kann einen Konditionenwettbewerb um den besten Datenschutz geben. Dass die Datenschutzpolitik eine Rolle für den wettbewerblichen Erfolg von Unternehmen spielen könnte, wurde u.a. im Fall *Facebook/WhatsApp* angesprochen. Dieser Aspekt ist allerdings schwer zu bewerten, weil die Nutzung und der Nutzen der Daten sich je nach Geschäftsmodell und Stand der Technik schnell ändern können. Ob ein hohes Datenschutzniveau gut oder schlecht für die Wettbewerbsfähigkeit eines Unternehmens ist, ist von den Umständen des Einzelfalles abhängig. Zudem ist die Datenschutzpolitik von Unternehmen für die Nutzer oft schwer durchschaubar und bewertbar.[69] Und selbst wenn sie transparent gemacht wird, interessieren sich die Nutzer häufig nicht dafür. Dies zeigt nicht nur der

68   Vgl. *Weber*, ZWeR 2014, 169, 170 m.w.N.
69   *Shelanski*, 161 U. Pa. L. Rev. 1663 2012-2013, 1663, 1690 f.

geringe Erfolg datensparsamer Suchmaschinen wie DuckDuckGo, sondern auch der vergebliche Versuch des sozialen Netzwerks StudiVZ, durch ein hohes Datenschutzniveau gegen Facebook zu punkten. Dass sich dies in absehbarer Zukunft ändern und die Datenschutzpolitik der Unternehmen für die Masse der Nutzer digitaler Produkte einen ähnlichen Stellenwert erlangen könnte wie z.b. der Umweltschutz für die Käufer bestimmter Waren, erscheint derzeit wenig wahrscheinlich. Gerade aus der Sicht junger, technikaffiner Nutzer scheint eine strenge Datenschutzpolitik kein besonders wichtiger Wettbewerbsfaktor zu sein. Anspruch (vieler Datenschützer) und Wirklichkeit (der Konsumentenpräferenzen) fallen insoweit deutlich auseinander.

3.   Datenschutzrecht als Wettbewerbshindernis?

Datenschutz zielt zwar grds. nicht auf Marktregulierung, aber er kann eine solche Regulierung bewirken bzw. den Wettbewerb verzerren. Ein modernes Datenschutzrecht sollte dies berücksichtigen und Wettbewerbverzerrungen so weit wie möglich vermeiden, also wettbewerbeneutral sein.

   In diesem Zusammenhang ist *erstens* das unterschiedliche Datenschutzniveau verschiedener Staaten problematisch, weil es dazu führen kann, dass Unternehmen aus weniger datensensiblen Staaten einen größeren Handlungspielraum genießen bzw. ihren Sitz in solche Staaten verlegen, um strengen Datenschutzregelungen zu entgehen und dadurch Wettbewerbsvorteile zu erlangen. Dieses Problem wird die voraussichtlich ab Mitte 2018 anwendbare DSGVO abmildern. Sie strebt danach, jedenfalls für den EU-Binnenmarkt ein datenschutzrechtliches „level playing field" zu schaffen.[70] Das ist im Grundsatz zu begrüßen. Allerdings bleibt es dabei (auch unter Geltung des Marktortprinzips nach Art. 3 Absl. 2 lit. a DSGVO), dass sich das unterschiedlich strenge Datenschutzniveau im Verhältnis zu dritten Staaten (etwa den USA) je nach Branche als Wettbewerbsvorteil oder als Wettbewerbsnachteil für die europäischen Unternehmen erweisen kann. Bezogen auf die Internetökonomie dürfte häufiger letzteres der Fall sein.

   Soweit es einen unternehmerischen Wettbewerb verschiedener Datenschutzpolitiken gibt, ist *zweitens* evident, dass für einen solchen Wettbewerb umso weniger Raum ist, je mehr der Staat den Datenschutz in Form von Gesetzen und Verordnungen abschließend selbst regelt.[71] Datenschutzrecht wirkt insoweit indirekt auch als Wettbewerbsregulierung. Plakativ könnte man fragen: Wenn Daten

---

70   Vgl. auch Monopolkommission, Sondergutachten 68, 2015, Tz. 92 ff. und 164 ff.
71   Vgl. *Weber*, ZWeR 2014, 169, 174.

so etwas wie die „Währung des Internet" sind, ist Datenschutz dann eine Art staatliche Preisregulierung?

Ein nicht zeitgemäßer Datenschutz kann sich vor diesem Hintergrund *drittens* als Wettbewerbshindernis, vielleicht sogar als „Innovationsbremse", erweisen. In diesem Zusammenhang wurde bereits darauf hingewiesen, dass Daten häufig für die Produktverbesserung oder die Schaffung neuer Produkte benötigt werden. Ein zu strenges Datenschutzrecht kann in diesem Kontext dazu führen, dass europäischen Nutzern Dienste vorenthalten werden oder dass sie dafür einen monetären Preis zahlen müssen, obwohl sie bei freier Entscheidung lieber ihre Daten preisgeben würden. Beispielsweise wird in der datenschutzrechtlichen Diskussion häufig auch für das Internet vorgeschlagen, zwingende Opt-In-Regelungen vorzusehen, nach welchen ein Nutzer stets vorab der Nutzung seiner Daten zustimmen muss.[72] Eine solche Lösung erscheint aus der Warte des Datenschutzrechts attraktiv. Sie würde aber, jedenfalls wenn sie eine Nutzerregistrierung voraussetzt, dazu führen, dass Geschäftsmodelle wie die spontane, werbefinanzierte Internetsuche ausgeschlossen oder zumindest wesentlich verkompliziert würden.[73] Zudem würde die Möglichkeit einer anonymen Internetnutzung eingeschränkt, was auch medien- und datenschutzrechtlich nicht unproblematisch erscheint.

Ein paternalistischer Datenschutz ist zudem *viertens* oft schlicht unnötig. Moderne Nutzer sind sich bewusst, dass ihnen auch im Internet nichts geschenkt wird, und es gibt Mechanismen zur Selbsthilfe, die ein weitgehend anonymes Surfen erlauben. Die Nutzer haben auch beim Datenschutz unterschiedliche Präferenzen und Sensibilitäten. Hinreichend informierten Nutzern kann und sollte man daher die Wahl lassen, ob sie (z.B. bei der Suche) mehr Datenschutz oder mehr Qualität wünschen und ob sie kostenfreie werbe-/datenbasierte Dienste oder kostenpflichtige Dienste vorziehen, die mit weniger Daten auskommen. Ein sinnvoll ausgestaltetes Datenschutzrecht sollte – wie ein sinnvoll ausgestaltetes Kartellrecht – vom Vorrang der informierten Konsumentenwahl vor paternalistischer Bevormundung ausgehen und den Nutzern in erster Linie (z.B. durch Verbesserung der Transparenz) „Hilfe zur Selbsthilfe" im Sinne einer Stärkung ihrer Datensouveränität und damit ihrer Konsumentensouveränität geben.

Datenschutz kann sich *fünftens* auch als Marktzutrittsschranke für neue Unternehmen erweisen, beispielsweise, wenn er verhindert, dass Daten mit anderen Unternehmen geteilt werden *dürfen* oder wenn er Unternehmen mit hohen Kos-

---

72 Zu einer Opt-In-Lösung als Remedy auch *Newman*, Yale Journal on Regulation, Vol. 30, No. 3, 2014, 401, 448.
73 Vgl. Monopolkommission, Sondergutachten 68, 2015, Tz. 104.

ten belastet. Letzteres könnte z.B. bei der Regelung zur Datenportabilität in Art. 20 DSGVO der Fall sein. Danach haben betroffene (natürliche) Personen „das Recht, die sie betreffenden personenbezogenen Daten, die sie einem Verantwortlichen bereitgestellt hat, in einem strukturierten, gängigen und maschinenlesbaren Format zu erhalten". Diese Regelung gilt unabhängig von Marktmacht, Machtmissbräuchen oder auch nur vom Nachweis einer tatsächlichen Notwendigkeit der Portierung.[74] Sie ist wettbewerblich zumindest ambivalent. Eine Pflicht zur Schaffung von Portierungsmöglichkeiten kann *einerseits* den Wettbewerb fördern, weil eine Mitnahme der Daten zu einem neuen Anbieter ermöglicht wird. *Andererseits* belastet sie die ihr unterworfenen Unternehmen aber auch mit Kosten, welche Startups ggf. nicht aufbringen können.[75] Die Regelung verhindert daher in der Praxis möglicherweise genau den Wechsel und Wettbewerb, den sie in der Therie zu fördern bestrebt ist und stabilisiert im Gegenteil die Marktstellung der etablierten „Platzhirsche". Diese nämlich bieten oft schon von sich aus eine Datenportierung bzw. können die erforderlichen Investitionen leicht tätigen. Ein solcher (ungewollter) „Stabilisierungseffekt" zugunsten bestehender Incumbents ist für Regulierungsmaßnahmen nicht ungewöhnlich, wird im Rahmen der Gesetzgebung aber oft nicht hinreichend bedacht.

4.   Datenschutz im Kartellverfahren

Fragt man weiter nach der Rolle des Datenschutzrechts für die Anwendung des Kartellrechts druch die Kartellbehörden und Gerichte, so ist zunächst darauf hinzuweisen, dass die Bindung des Staates an das Datenschutzrecht natürlich auch im behördlichen oder gerichtlichen Kartellverfahren gilt.

Als Ausdruck eines „Datenschutzes im weiteren Sinne" könnte man u.a. die Regelungen zum Schutz der Berufs- und Geschäftsgeheimnisse in Art. 17 FKVO oder Art. 28 VO 1/2003 sehen. Zudem versteht es sich von selbst, dass die Kartellbehörden und -gerichte darauf achten müssen, dass im Rahmen von Kartellverfahren keine Unternehmensdaten an Wettbewerber übermittelt werden, deren Kenntnis den Wettbewerb beschränken würde. Eine Informationsweitergabe,

---

74   Daran kann es z.B. bei kostenfreien Diensten fehlen, weil die Nutzer auch beim Wechsel zu einem neuen Anbieter weiter auf die Daten beim alten Dienst zugreifen und insoweit ein "multi-homing" betreiben können.
75   Dazu *Swire/Lagos*, Maryland Law Review Vol. 72 No. 2, 2013, 335, 352.

Torsten Körber

welche den Unternehmen nach Art. 101 AEUV verboten wäre,[76] muss grundsätzlich auch von den Kartellbehörden und -gerichten unterlassen werden.

Ein „Datenschutz im engeren Sinne" des Schutzes personenbezogener Daten natürlicher Personen muss im Kartellverfahren natürlich erst recht gewährleistet sein. Die Kartellbehörden und -gerichte unterliegen insoweit als staatliche Stellen nicht nur einfachgesetzlichen, sondern auch verfassungsrechtlichen Bindungen.[77] Diese folgen auf EU-Ebene aus dem Recht auf Achtung des Privatlebens nach Art. 7 GRCh und aus dem Schutz personenbezogener Daten nach Art. 8 GRCh[78] und Art. 16 AEUV sowie in Deutschland aus dem vom Bundesverfassungsgericht aus Art. 2 Abs. 1 und Art. 1 Abs. 1 GG abgeleiteten „Recht auf informationelle Selbstbestimmung"[79] und aus Art. 10 GG. Art. 7 und 8 GRCh sind nach Art. 51 GRCh sowohl bei einem Handeln von Unionsorganen als auch bei der Durchführung von Unionsrecht durch die Mitgliedstaaten zu beachten und gelten mithin auch bei Anwendung der Art. 101 und 102 AEUV. Und das gilt natürlich erst recht für Art. 16 AEUV. Und das gilt natürlich erst recht für Art. 16 AEUV.

Daraus resultiert allerdings zunächst einmal nur, dass die einschlägigen Kartellrechtsnormen im Einklang mit den Grundrechten auszulegen und anzuwenden sind, wie auch die Erwägungsgründe 36 zur FKVO und 37 zur VO 1/2003 unterstreichen. D.h. das Datenschutzrecht ist unzweifelhaft *bei* Anwendung des Kartellrechts zu beachten. Die Kartellbehörden und -gerichte könnten daher z.B. nicht einfach ohne weiteres anordnen, dass ein marktbeherrschendes Unternehmen seinen „Datenschatz" mit den Wettbewerbern teilen muss, selbst wenn sich dies kartellrechtlich rechtfertigen ließe oder sogar geboten erschiene. Vielmehr muss insoweit – wie bereits ausgeführt – auch der Datenschutz beachtet werden, der einer Weitergabe personenbezogener (d.h. natürliche Personen betreffender) Daten ohne Zustimmung der betroffenen Personen entgegensteht. Dies gilt natürlich erst ab Anwendbarkeit der DSGVO im Jahre 2018.[80]

---

76 Dazu etwa *Zimmer*, in: Immenga/Mestmäcker, 5. Aufl. 2012, Art. 101 AEUV Rdnr. 265 ff.
77 Vgl. EG 36 zur FKVO und EG 37 zur VO 1/2003 zur Bindung an die Grundrechtecharta.
78 Vgl. EuGH, 13.05.2014, Rs. C-131/12 – *Google Spain*, Tz. 68 ff., wo der EuGH betont, dass die Datenschutzrichtlinie 95/46/EG im Lichte der Art. 7 und 8 GRCh auszulegen sei; ebenso EuGH, 6.10.2015, Rs. C-362/14 – *Schrems (Facebook)*, Tz. 38 ff.
79 BVerfG, 15.12.1983, BVerfGE 65, 1 – *Volkszählungsurteil*. Relevant ist ferner Art. 10 GG.
80 S. hierzu Art. 6 Abs. 1 lit. a DSGVO.

5. Machtmissbrauch durch Verletzung des Datenschutzrechts?

Darüber hinaus stellt sich die Frage nach einem Datenschutz *durch* Anwendung des Kartellrechts. Die Monopolkommission hat in diesem Zusammenhang 2015 in ihrem Sondergutachten 68 thematisiert, ob es einen Machtmissbrauch darstellen könne, wenn ein marktbeherrschendes Unternehmen Konditionen verwendet, welche das Datenschutzrecht verletzen.[81] Letztlich läuft dies auf eine Art Fallgruppe „Vorsprung durch Rechtsbruch" hinaus, wie sie im Lauterkeitsrecht schon lange anerkannt ist und in § 3a UWG normiert wurde.

a) Das Facebook-Verfahren des Bundeskartellamtes

Das Bundeskartellamt hat diesen Gedanken aufgegriffen. Es hat ausweislich einer Pressemitteilung vom 2. März 2016 ein Verfahren wegen Verdachts auf Marktmachtmissbrauch durch Datenschutzverstöße eröffnet, das sich gegen Facebook Inc., USA, gegen die irische Tochter des Unternehmens sowie gegen die Facebook Germany GmbH, Hamburg, richtet. Darin heißt es:

> „Es besteht der Anfangsverdacht, dass die Nutzung[s]bedingungen von Facebook gegen datenschutzrechtliche Vorschriften verstoßen. Nicht jeder Rechtsverstoß eines marktbeherrschenden Unternehmens ist gleichzeitig auch kartellrechtlich relevant. Im vorliegenden Fall könnte die Verwendung rechtswidriger Nutzungsbedingungen durch Facebook einen sogenannten Konditionenmissbrauch gegenüber den Nutzern darstellen. Das Bundeskartellamt wird unter anderem überprüfen, welcher Zusammenhang zwischen der möglichen marktbeherrschenden Position des Unternehmens und der Verwendung derartiger Klauseln besteht. […] Marktbeherrschende Unternehmen unterliegen besonderen Pflichten. Dazu gehört es auch, angemessene Vertragsbedingungen zu verwenden, soweit diese marktrelevant sind. Für werbefinanzierte Internetdienste wie Facebook haben die Nutzerdaten eine herausragende Bedeutung. Gerade deshalb muss auch unter dem Gesichtspunkt des Missbrauchs von Marktmacht untersucht werden, ob die Verbraucher über die Art und den Umfang der Datenerhebung hinreichend aufgeklärt werden. […] Vorbehaltlich des Ergebnisses weiterer Markterhebungen hat das Bundeskartellamt Anhaltspunkte dafür, dass Facebook auf dem gesondert abzugrenzenden Markt für soziale Netzwerke marktbeherrschend ist. Facebook erhebt von seinen Nutzern in großem Umfang persönliche Daten aus verschiedensten Quellen. Durch die Bildung von Nutzerprofilen ermöglicht das Unternehmen Werbekunden ein zielgenaues Werben. Um den Zugang zum sozialen Netzwerk zu erhalten, muss der Nutzer zunächst in diese Datenerhebung und -nutzung einwilligen, indem er sich mit den Nutzungsbedingungen einverstanden erklärt. Der Umfang der erteilten Einwilligung ist für die Nutzer nur schwer nachzuvollziehen. Es bestehen erhebliche Zweifel an der Zulässigkeit dieser Vorgehensweise insbesondere nach dem geltenden nationalen Datenschutzrecht. Soweit ein Zusammenhang mit der Marktbeherrschung besteht,

---

81 Dazu Monopolkommission, Sondergutachten 68, 2015, Tz. 517 ff.

könnte ein solcher Verstoß auch kartellrechtlich missbräuchlich sein. Das Bundeskartell-amt führt das Verfahren in engem Kontakt mit den zuständigen Datenschutzbeauftragten, mit den Verbraucherschutzverbänden sowie der Europäischen Kommission und den Wett-bewerbsbehörden der anderen EU-Mitgliedstaaten".[82]

Das Bundeskartellamt leistet mit diesem Verfahren Pionierarbeit. Das ist grund-sätzlich verdienstvoll. Insbesondere ist es, solange noch nicht einmal ein Markt-versagen feststeht, auf jeden Fall besser, mögliche Missstände kartellbehördlich zu untersuchen (und ggf. abzustellen), als, wie teils von der Politik gefordert wird, sogleich zum scharfen Schwert einer gesetzlichen ex ante-Regulierung zu greifen. Gleichwohl bleibt angesichts der beschriebenen wettbewerblichen Aus-richtung des Kartellrechts fraglich, ob das Kartellrecht das geeignete Regelwerk ist, um die mutmaßlichen Missstände auf dem Gebiet des Datenschutzes sinnvoll anzugehen.

b) Konditionenmissbrauch durch unangemessene AGB

Mit Blick auf die Möglichkeit eines auch kartellrechtlich durch § 19 GWB bzw. Art. 102 AEUV verbotenen Konditionenmissbrauchs durch intransparente oder unangemessene AGB sind drei Fragen sorgfältig zu unterschieden:
Erstens stellt sich die Frage, ob ein marktbeherrschendes Unternehmen das Kartellrecht verletzt, wenn es seine Marktmacht ausnutzt, um Konditionen durchzusetzen, auf welche sich die Vertragspartner bei funktionsfähigem Wett-bewerb nicht einlassen würden. Das ist eine klassische kartellrechtliche Frage-stellung, die grundsätzlich zu bejahen ist. Setzt ein marktbeherrschendes Unter-nehmen Konditionen durch, durch welche die Vertragspartner ausgebeutet und/oder die Wettbewerber behindert werden, und ist ihm dieses Verhalten gera-de deshalb möglich, *weil* es marktbeherrschend ist, d.h. wäre im die Durchset-zung dieser Konditionen auf einem Vergleichsmarkt mit funktionsfähigem Wett-bewerb nicht möglich, so verstößt es damit grundsätzlich gegen § 19 GWB bzw. Art. 102 AEUV.[83]
Zweitens ist die Frage aufgeworfen, ob wirklich eine solche strikte Kausalität zwischen Marktbeherrschung und der Erzielung unangemessener Konditionen

---

82 S. http://www.bundeskartellamt.de/SharedDocs/Meldung/DE/Pressemitteilungen/2016/ 02_03_2016_Facebook.html.
83 Grundlegend BGH, 6.11.1984, KVR 13/83, GRUR 1985, 318, 320 – *Favorit.*; s. auch BGH, 4.11.2003, KZR 16/02, WuW/E DE-R 1206 – *Strom und Telefon I; Nothdurft*, in: Langen/Bunte, 12. Aufl. 2014, § 19 Rdnr. 365.

erforderlich ist oder ob bereits die Erzielung unangemessener Konditionen an sich durch ein marktbeherrschendes Unternehmen (auch) das Kartellrecht verletzt. Der Umstand, dass in § 19 GWB ebenso wie in Art. 102 AEUV von einer missbräuchlichen *Ausnutzung* einer marktbeherrschenden Stellung die Rede ist (und nicht etwa nur allgemein von einem Missbrauch durch ein marktbeherrschendes Unternehmen), spricht klar für ein Kausalitätserfordernis.

Nach dem für § 19 GWB vorherrschenden Verständnis ist dieses Kausalitätserfordernis allerdings insoweit gelockert, als es nicht unbedingt notwendig ist, dass gerade die Marktbeherrschung den potentiellen Missbraucher zu seinem Verhalten befähigt (strikte Kausalität). Erforderlich, aber auch hinreichend ist vielmehr eine „Ergebniskausalität" oder „normative Kausalität" dahingehend, dass das Verhalten sich gerade deshalb als wettbewerbsschädlich erweist, weil der Missbraucher marktbeherrschend ist.[84]

Mit Blick auf Art. 102 AEUV wird für das EU-Kartellrecht allerdings unter Berufung auf die *Continental Can*-Entscheidung des EuGH[85] ein Kausalitätserfordernis zwischen Marktbeherrschung und Missbrauch vielfach rundheraus verneint und betont, dass Art. 102 AEUV auch nach Maßgabe der *Hoffmann-La Roche*-Entscheidung[86] ein objektiver Ansatz zugrunde liege.[87] Allerdings ist die europäische Praxis insoweit keineswegs eindeutig. In der jüngeren *Tetra Pak II*-Entscheidung hat der EuGH sehr wohl einen Kausalzusammenhang zwischen

---

84 Vgl. schon KG, 26.1.1977, Kart 27/76, WuW/E OLG 1767, 1771 – *Kombinationstarif*; ferner BGH, 4.11.2003, KZR 16/02, WuW/E DE-R 1206 – *Strom und Telefon I*; Fuchs in: Immenga/Mestmäcker, GWB, 5. Aufl. 2014, § 19 Rdnr. 82b; *Bechtold/Bosch*, GWB, 8. Aufl. 2015, § 19 Rdnr. 5; *Nothdurft*, in: Langen/Bunte, 12. Aufl. 2014, § 19 Rdnr. 365.

85 S. EuGH, 21.2.1973, Rs. 6/72, Slg. 1973, 215 – *Continental Can*, Tz. 27: „Bei diesem Sinn und dieser Tragweite des Artikels 86 EWG-Vertrag kommt es auf die von den Klägerinnen aufgeworfene Frage des ursächlichen Zusammenhangs, der nach ihrer Ansicht zwischen der beherrschenden Stellung und der missbräuchlichen Ausnutzung bestehen muss, nicht an, denn die Verstärkung der Stellung eines Unternehmens kann ohne Rücksicht darauf, mit welchen Mitteln und Verfahren sie erreicht worden ist, missbräuchlich und nach Artikel 86 des Vertrages verboten sein, sofern sie die vorstehend beschriebenen Wirkungen hervorruft".

86 S. EuGH, 13.2.1979, Rs. 85/76, Slg. 1979, 461 – *Hoffmann-La Roche, Can*, Tz. 91: "Der Qualifizierung als einer mißbräuchlichen Ausnutzung einer beherrschenden Stellung läßt sich auch nicht die von der Klägerin vorgeschlagene Auslegung entgegenhalten, der Begriff der mißbräuchlichen Ausnutzung setze voraus, daß die durch eine beherrschende Stellung erlangte Wirtschaftskraft als Mittel für die Verwirklichung des Mißbrauchs eingesetzt werde. Der Begriff der mißbräuchlichen Ausnutzung ist vielmehr ein objektiver Begriff".

87 So etwa *Bulst*, in: Langen/Bunte, 12. Aufl. 2014, Art. 102 AEUV Rdnr. 131 m.w.N.; *Lettl*, WuW 2016, 214, 215; ebenso wohl auch Monopolkommission, Sondergutachten 68, 2015, Tz. 526 f.

Marktbeherrschung und Missbrauch verlangt.[88] Vorzugswürdig erscheint eine auch für das EU-Recht vordringende Auffassung, welche entsprechend der deutschen Praxis zwar auf ein strenges Kausalitätserfordernis verzichten will, aber gleichwohl eine Ergebniskausalität im oben beschriebenen Sinne verlangt.[89]

Daraus folgt, dass das Fordern unangemessener Bedingungen durch ein marktbeherrschendes Unternehmen nach geltender deutscher und vorzugswürdiger europäischer Praxis nur dann kartellrechtlich relevant ist, wenn dem Unternehmen die Durchsetzung dieser Bedingungen *entweder* gerade wegen seiner marktbeherrschenden Stellung möglich ist, also insbesondere deshalb, weil den Nutzern aufgrund dieser Marktstellung keine hinreichenden Ausweichmöglichkeiten zur Verfügung stehen (strikte Kausalität), *oder* weil sich dieses Verhalten gerade deshalb negativ auf den Wettbewerb auswirkt, weil es von einem marktbeherrschenden Unternehmen ausgeht (Ergebniskausalität).[90] Dabei steht im ersten Fall die Ausbeutung der Marktgegenseite und im zweiten die Behinderung der Wettbewerber im Vordergrund.

Fälle einfacher Vertragsimparität ohne einen solchen Wettbewerbsbezug fallen demgegenüber grundsätzlich nicht in den Anwendungsbereich des Kartellrechts, sondern „nur" des AGB-Rechts, Verbraucherschutzrechts oder anderer Gesetze. Eine im Sinne des § 19 GWB oder Art. 102 AEUV missbräuchliche (und damit auch nach § 134 BGB nichtige) Vertragsbestimmung ist folglich zwar zugleich unbillig im Sinne des BGB.[91] Doch begründet umgekehrt nicht

---

88 EuGH, 14.11.1996, Rs. C.333/94 P, Slg. 1996, I-5987 – *Tetra Pak II*, Tz. 27: „Es trifft zu, daß die Anwendung von Artikel 86 einen Zusammenhang zwischen der beherrschenden Stellung und dem angeblich mißbräuchlichen Verhalten voraussetzt, der in der Regel nicht gegeben ist, wenn sich ein Verhalten auf einem von dem beherrschten Markt verschiedenen Markt dort auswirkt. Handelt es sich wie im vorliegenden Fall um verschiedene, aber verbundene Märkte, so können nur besondere Umstände eine Anwendung von Artikel 86 auf ein Verhalten rechtfertigen, das auf dem verbundenen, nicht beherrschten Markt festgestellt wurde und sich dort auswirkt".

89 Überzeugend *Eilmansberger/Bien*, in: MüKo WettbR, 2. Aufl. 2015, Art. 102 Rdnr. 131 ff.; nunmehr in diese Richtung tendierend wohl auch *Fuchs/Möschel*, in: Immenga/Mestmäcker, 5. Aufl. 2012, Art. 102 AEUV Rdnr. 136 f.; *Mestmäcker/Schweitzer*, 3. Aufl. 2014, § 16 Rdnr. 42; *Franck*, ZWeR 2016, 137, 150.

90 So auch BGH, 4.11.2003, KZR 16/02, WuW/E DE-R 1206 – *Strom und Telefon I*: „sofern nur der erforderliche Kausalzusammenhang zwischen der Marktbeherrschung und dem missbilligten Verhalten oder seiner wettbewerbsbeeinträchtigenden Wirkung gegeben ist".

91 Vgl. BGH, 29.4.2008, KZR 2/07 WuW/E DE-R 2295 Tz. 15 – *Erdgassondervertrag* (zu § 315 BGB).

zwingend jede im Sinne des BGB unbillige Vertragsregelung zugleich auch einen kartellrechtlich verbotenen Machtmissbrauch.[92]

c)   Machtmissbrauch durch Verstoß gegen außerwettbewerbliche Normen?

Inwieweit das Bundeskartellamt auch im aktuellen *Facebook*-Verfahren weiter der soeben beschriebenen Linie folgt oder darüber hinausgeht, wird aus der oben zitierten Pressemitteilung nicht ganz deutlich. *Einerseits* verlangt das Amt einen Zusammenhang zwischen Konditionenmissbrauch und Marktbeherrschung. Es stellt aber *andererseits* auf eher verbraucherschutzrechtliche Aspekte wie die möglicherweise mangelnde Aufklärung der Nutzer bzw. auf Verstöße gegen das nationale Datenschutzrecht ab. Welche Rolle der Verstoß gegen das Datenschutzrecht dabei spielt, bleibt undeutlich.

Damit ist die Frage aufgeworfen, ob bzw. unter welchen Voraussetzungen Verstöße gegen außerwettbewerbliche Normen, z.B. gegen das Datenschutzrecht, zugleich einen durch § 19 GWB oder Art. 102 AEUV verbotenen Machtmissbrauch darstellen, wenn sie von einem marktbeherrschenden Unternehmen ausgehen, ob also ähnlich wie im Lauterkeitsrecht (§ 3a UWG) auch im Kartellrecht eine Fallgruppe „Vorsprung durch Rechtsbruch" anerkannt werden sollte.[93]

aa)   Ausrichtung des Kartellrechts auf den Schutz des Wettbewerbs

Daraus, dass das Datenschutzrecht *bei* Anwendung des Kartellrechts zu beachten ist, folgt keineswegs automatisch, dass es auch *durch* Anwendung des Kartellrechts durchgesetzt werden müsste. Insoweit werden die Kartellbehörden in der öffentlichen Diskussion zwar immer wieder aufgefordert, das Datenschutzrecht stärker zu berücksichtigen. So wurde teilweise kritisiert, dass FTC und EU-Kommission in den Fusionskontrollverfahren *Google/DoubleClick* und *Face-*

---

92   Vgl. dazu *Nothdurft*, in: Langen/Bunte, 12. Aufl. 2014, § 19 Rdnr. 234 m.w.N., der zu Recht auch darauf hinweist, dass sich ebensowenig umgekehrt aus der zivilrechtlichen Zulässigkeit auf die kartellrechtliche Unbedenklichkeit schließen lasse.

93   Dazu auch jüngst *Lettl*, WuW 2016, 214 ff., der insoweit zwischen einer Anwendung des Art. 102 AEUV und des § 19 GWB differenziert. Letztlich muss die Frage, ob ein Rechtsbruch zugleich einen Machtmissbrauch begründen kann, aber für beide Normen gleich entschieden werden (so im Ergebnis auch *Lettl*, a.a.O., S. 220 f.).

book/ WhatsApp dem Datenschutz nicht hinreichend Rechnung getragen hätten.[94] Diese Debatte ist allerdings zum Teil von einem grundsätzlichen Missverständnis dessen geprägt, was das Kartellrecht leisten kann und leisten will. Das Kartellrecht dient nach ganz herrschender und nach wie vor richtiger Auffassung dem Schutz des Wettbewerbs. Seine Anwendung kann im Ergebnis zu Verbraucherschutz und Datenschutz beitragen, aber dies wird *durch* den Schutz des Wettbewerbs erreicht und nicht *gegen* diesen. Das Kartellrecht ist kein Universalinstrument für die Lösung aller Probleme der Gesellschaft.[95] Es ist ganz bewusst „einseitig" auf den Schutz des Wettbewerbs ausgerichtet, denn dadurch werden die Kartellbehörden vor einer politischen Instrumentalisierung geschützt. Diese weise Selbstbeschränkung ist für das Funktionieren des Kartellrechtssystems und damit letztlich auch für das Funktionieren des Wettbewerbs von zentraler Bedeutung.

Allerdings ist nicht zu verkennen, dass die EU-Kommission Art. 102 AEUV bisweilen mit dem Segen des Gerichtshofs zur Lösung primär außerkartellrechtlicher Probleme instrumentalisiert hat, so etwa im Fall *AstraZeneca* zur Korrektur von Mängeln des Patentrechts.[96] Die Kommission benutzt das Kartellrecht in solchen Fällen allerdings aus ganz pragmatischen Gründen als eine Art „Hebel", um ihre Kompetenzen auszudehnen, weil sie auf dem Gebiet des Kartellrechts über direkte Durchsetzungsbefugnisse gegenüber den Unternehmen verfügt, die ihr auf anderen Rechtsgebieten (z.B. im Patent- oder Energierecht) fehlen. Dieses Vorgehen würde es mithin, selbst wenn man es auf europäischer Ebene akzeptieren wollte, nicht legitimieren, dass sich auch die nationalen Kartellbehörden zu „Hilfs-Patentämtern" oder „Hilfs-Datenschutzbehörden" erklären und dass sie sich dadurch in die Zuständigkeitsbereiche der Fachbehörden einmischen. Ob die betreffenden Behörden mit solcher Amtshilfe einverstanden sind oder nicht, oder – wie im *Facebook*-Fall – sogar mit der Kartellbehörde kooperieren, ist dabei letztlich nur von nachrangiger Bedeutung, denn Defizite anderer Gesetze oder Behördenkompetenzen auszugleichen, ist Aufgabe des Gesetzgebers.

---

94 Vgl. z.B. die dissenting opinion von Commissioner *Harbour* zur FTC-Entscheidung *Google/DoubleClick*, S. 9 ff. (https://www.ftc.gov/sites/default/files/documents/public_ statements/statement-matter-google/doubleclick/071220harbour_0.pdf).

95 *Körber*, WuW 2015, 120, 133.

96 Z.B. EuGH, 6.12.2012, Rs. C-457/10 – *AstraZeneca*, Tz. 149 f. Vgl. auch den Einsatz des Art. 9 VO 1/2003 i.V.m. Art. 102 AEUV zum Unbundling von Energieunternehmen, z.B. in KOMM., 18.3.2009, COMP/39.402 – *RWE Gasforeclosure* sowie *Franck*, ZWeR 2016, 137, 142 ff. zu EuGH, 14.3.2013, Rs. C-32/11 – *Allianz Hungária*, Tz. 6 ff. (Versicherungsaufsicht via Kartellrecht).

Werden dagegen Bußgeldvorschriften des Kartellrechts instrumentalisiert, um das Daten- oder Verbraucherschutzrecht durchzusetzen, so erscheint dies auch mit Blick auf die Strafrechtsähnlichkeit des Bußgeldrechts und das strafrechtliche Analogieverbot bedenklich. So erlaubt § 890 ZPO Ordnungsgelder nur bis zu 250.000 Euro. § 43 BDSG begrenzt die bei Datenschutzverstößen zulässigen Bußgelder auf max. 300.000 Euro. Das kann von Unternehmen wie Facebook gleichsam „aus der Portokasse" bezahlt werden und hat daher kaum steuernde Wirkung.[97] Diese Sanktionsmöglichkeiten werden daher verbreitet für unzureichend erachtet. Defizite anderer Gesetze können es aber nicht legitimieren, AGB-Rechts- oder Datenschutzverstöße zu Kartellverstößen „umzudeklarieren", um das Drohpotential des insoweit wesentlich potenteren § 81 GWB bzw. Art. 23 VO 1/2003 für den Datenschutz zu erschließen. Erkannte Defizite müssen durch den Gesetzgeber angegangen werden. Dieser ist im Falle des Datenschutzes in Gestalt des Art. 83 DSGVO aktiv geworden und hat den diesbezüglichen Bußgeldrahmen voraussichtlich mit Wirkung ab Mitte 2018 in Anlehnung an das Kartellrecht bei Unternehmen auf bis zu 4 % des weltweiten Umsatzes ausgeweitet.

bb)   Markt- bzw. Wettbewerbsbezug des Rechtsverstoßes

Gleichwohl hat sich auch die Monopolkommission 2015 in ihrem Sondergutachten 68 dezidiert für eine erhöhte Relevanz des deutschen Datenschutzrechts für die Kartellrechtspraxis ausgesprochen. Sie hat dazu unter Berufung auf die *AstraZeneca*-Rechtsprechung des EuGH ausgeführt, es sei im EU-Recht anerkannt,

„dass ein Unternehmen seine marktbeherrschende Stellung nicht dadurch missbrauchen darf, dass es sich durch gesetzwidriges bzw. irreführendes Vorgehen einen Vorteil verschafft, der ihm den Ausschluss wirksamen Wettbewerbs ermöglicht […] Ein solches Vorgehen geht über den bloßen Rechtsverstoß hinaus, der im Rahmen einer zivilgerichtlichen Schadenersatzklage auch gegenüber einem beliebigen nicht marktbeherrschenden Unternehmen geltend gemacht werden kann".[98]

---

97   Vgl. auch *Franck*, ZWeR 2016, 137, 139 ff. zu erfolgreichen, aber gleichwohl kaum wirkungsvollen Klagen gegen Facebook durch die Verbraucherzentrale Bundesverband (BGH, 14.1.2016, I ZR 64/14: Täuschung der Nutzer über Art und Umfang der Nutzung der E-Mail-Kontaktdaten durch die Funktion „Freunde finden" als Verstoß gegen § 5 UWG).
98   Monopolkommission, Sondergutachten 68, 2015, Tz. 517.

Die Monopolkommission spricht in diesem Zusammenhang von einem „Macht-missbrauch durch Rechtsbruch"[99] und betont, ein vom normalen Wettbewerbs-verhalten abweichendes, missbräuchliches Verhalten könne auch im Verstoß ge-gen Urheberrecht, Lauterkeitsrecht und/oder Datenschutzvorschriften bestehen. Fraglich könnte allenfalls sein, ob der Rechtsverstoß einen ausreichenden Wett-bewerbsbezug aufweise.[100] Einen solchen Wettbewerbsbezug hält die Monopol-kommission allerdings *einerseits* für verzichtbar und betont „dass es wettbe-werbsrechtlich allein darauf ankommen sollte, ob das beherrschende Unterneh-men den Rechtsverstoß tatsächlich zur Behinderung oder Ausbeutung einsetzen kann".[101] *Andererseits* sei ein Wettbewerbsbezug bei Datenschutzverstößen oh-nehin gegeben, „da das Datenschutzrecht dem Berechtigten letztlich die Ent-scheidungsgewalt über seine Daten zuweist".[102]

Spätestens an dieser Stelle erscheinen die Ausführungen der Monopolkom-mission zu undifferenziert. *Einerseits* ist ein Wettbewerbsbezug für die Anwen-dung des Kartellrechts schlechthin unverzichtbar, wenn das Kartellrecht nicht jede Kontur verlieren soll. *Andererseits* und vor allem unterscheidet die Mono-polkommission nicht hinreichend zwischen dem Datenschutz als Abwehrrecht und der Zuordnung der wirtschaftlichen Verfügungsrechte an den Daten. Dass das (öffentlich-rechtliche) Datenschutzrecht als Ausfluss des allgemeinen Per-sönlichkeitsrechts dem Einzelnen die Möglichkeit gibt, die Verwendung perso-nenbezogener Daten zu unterbinden, bedeutet noch nicht, dass alle für die Tätig-keit von Internetplattformen relevanten Daten auch in ökonomischer Hinsicht den Schutzsubjekten des Datenschutzrechts „gehören". Diese Frage ist vielmehr noch weitgehend ungeklärt.[103]

Immerhin schränkt die Monopolkommission ihre Position sogleich wieder ein, indem sie betont, dass letztlich doch zu untersuchen sei, inwieweit mit dem be-treffenden Rechtsverstoß tatsächlich Wettbewerbsbeschränkungen verbunden sein könnten. Erforderlich dafür sei eine wirtschaftliche Tätigkeit, die nicht im Rechtsbruch als solchem liege,[104] sondern erst in der wirtschaftlichen Verwer-tung der durch den Rechtsbruch erlangten Daten und Inhalte.[105] Dem ist im Grundsatz zuzustimmen. Dieser Ansatz entspricht der *Favorit*-Rechtsprechung des BGH, in welcher der BGH nicht etwa schon den Verstoß von AGB gegen

99   Monopolkommission, Sondergutachten 68, 2015, Tz. 519.
100 Monopolkommission, Sondergutachten 68, 2015, Tz. 522 f.
101 Monopolkommission, Sondergutachten 68, 2015, Tz. 523.
102 Monopolkommission, Sondergutachten 68, 2015, Tz. 523.
103 Dazu bereits oben I.2.
104 Insoweit wohl a.A. *Lettl*, WuW 2016, 214, 218, der bei einem Rechtsbruch „ipso iure"
     Art. 102 S. 2 lit. a AEUV verletzt sieht.
105 Monopolkommission, Sondergutachten 68, 2015, Tz. 524.

Gesetzesvorschriften als solchen für missbräuchlich im Sinne des § 19 GWB erachtet hat, sondern betonte, dass „eine Gesamtbetrachtung erforderlich ist, die das gesamte Leistungsbündel von Wärmepreis und Geschäftsbedingungen, also Leistung und Gegenleistung insgesamt einbezieht".[106] Ob der BGH mit der Entscheidung *VBL-Gegenwert*[107] von diesem Gesamtbetrachtungsansatz abgewichen ist und eine Bewertung einzelner AGB als missbräuchlich ermöglicht hat,[108] ist im hier untersuchten Kontext nachrangig, da es letztlich entscheidend auf die wettbewerbliche Wirkung ankommt.

Allerdings lässt es die Monopolkommission für die Annahme eines Kartellrechtsverstoßes bereits ausreichen, dass die aufgrund unangemessenen weiter AGB erhobenen Daten dazu beitragen *können*, die betreffende Internetplattform für Nutzer attraktiver zu machen und dadurch die Marktstellung des Unternehmens weiter zu festigen.[109] Daran ist zwar richtig, dass nicht die Art der verletzten, anwendbaren Norm entscheidend sein kann (also etwa, ob eine Norm des deutschen oder europäischen Rechts verletzt wurde[110]), sondern allein die wettbewerbliche Wirkung des Rechtsbruchs zählt. Die immer noch sehr weite Sichtweise der Monopolkommission überzeugt aber gleichwohl nicht.

Ließe man nämlich letztlich jeden, auch nur mittelbaren Marktbezug ausreichen,[111] so könnten die Kartellbehörden praktisch jede Rechtsverletzung eines marktbeherrschenden Unternehmens (auch) als Kartellrechtsverstoß untersagen und sogar (in Anwendung des kartellrechtlichen Bußgeldrahmens) bebußen. Schließlich liegt es auf der Hand, dass auch genuin außerkartellrechtliche Rechtsverstöße – etwa gegen das Sonntagsverkaufsverbot, gegen Umwelt- oder Gesundheitsschutzbestimmungen oder eben gegen den Datenschutz – oftmals zu wirtschaftlichen Vorteilen und damit auch Wettbewerbsvorteilen der Unternehmen führen. Ließe man dies genügen, um sie als kartellrechtliche Missbräuche zu werten, so würde das Kartellrecht jedwede Kontur verlieren. Es würde zu einer Art „Meta-Rechtsdurchsetzungsrecht" und das Kartellamt zu einer „Über-

106 BGH, 6.11.1984, KVR 13/83, GRUR 1985, 318, 319 – *Favorit* (zu den AGB eines Fernwärmeversorgungsunternehmens).
107 Vgl. BGH, 6.11.2013, KZR 58/11, NZKart 2014, 31, 34 – *VBL-Gegenwert.*
108 So etwa *Lettl*, WuW 2016, 214, 219; *Franck*, ZWeR 2016, 137, 146; in der Tendenz auch *Fuchs/Möschel*, in: Immenga/Mestmäcker, GWB, 5. Aufl. 2014, § 19 Rdnr. 256.
109 Monopolkommission, Sondergutachten 68, 2015, Tz. 525.
110 Anders *Lettl*, WuW 2016, 214, 216 f., der bei Anwendung des Art. 102 AEUV Verstöße gegen EU-Recht stets, Verstöße gegen nationales Recht aber nur dann für „bedeutsam" hält, wenn dieses auf EU-Richtlinien beruhe, während ein Verstoß gegen autonom nationales Recht „allenfalls ein Indiz" für die Auslegung des Art. 102 AEUV sein könne. Bei Anwendung des § 19 GWB hält *Lettl* demgegenüber auch Verstöße gegen autonom nationales Recht für unmittelbar relevant (S. 219).
111 In diese Richtung gehend auch *Lettl*, WuW 2016, 214, 217.

Behörde", die (wenn auch als Kartellrechtsverstöße verkleidet) Verstöße gegen das AGB-Recht, Datenschutzrecht, Umweltschutzrecht usw. ahnden und damit auf Gebieten tätig werden könnte, auf denen ihr sowohl die rechtlichen Durchsetzungsbefugnisse als auch die fachlichen Kompetenzen fehlen.[112]

Umgekehrt kann es jedenfalls im Anwendungsbereich des Art. 102 AEUV keine Rolle spielen, ob die verletzte (einfachgesetzliche) außerkartellrechtliche Norm selbst eine abschließende Regelung enthält.[113] *Wenn* Art. 102 AEUV auch bei Verletzung außerwettbewerblicher Rechtsvorschriften einschlägig wäre, könnte seine Anwendung mit Blick auf seinen Charakter als Norm des EU-Primärrechts nicht durch als abschließend gedachte sekundärrechtliche Bestimmungen oder gar durch Normen des nationalen Rechts eingeschränkt werden.

cc)   Marktteilnehmerschutz als Anwendungsvoraussetzung?

Am Grundsatz, dass das Kartellrecht kein Universalinstrument zur Sanktionierung außerwettbewerblicher Rechtsverstöße sein kann, ändert sich auch dann nichts, wenn man zusätzlich zum Marktbezug in Parallele zu § 3a UWG einen „marktteilnehmerschützenden Charakter des gebrochenen Rechts" verlangt.[114] Zwar würde ein solches Kriterium dazu beitragen, den nahezu grenzenlosen Katalog der möglicherweise mithilfe des Kartellrechts durchsetzbaren außerwettbewerblichen Normen auszudünnen. Umweltschutz- und Ladenschlussgesetze fielen wohl z.B. heraus. Doch ändert dies nichts daran, dass viele marktteilnehmerschützenden Normen (z.B. auf den Gebieten des Gesundheits- oder Datenschutzrechts) einen außerwettbewerblichen Charakter haben. Dass das Kartellrecht *auch* der Konsumentenwohlfahrt dient, legitimiert es noch lange nicht, die Verletzung jedweder konsumentenschützenden Norm zusätzlich mit Mitteln des Kartellrechts zu sanktionieren. Art. 101 und 102 AEUV sind nach der EuGH-Rechtsprechung „nicht nur dazu bestimmt, die unmittelbaren Interessen einzelner Wettbewerber oder Verbraucher zu schützen, sondern die Struktur des Marktes und damit den Wettbewerb als solchen".[115] In Bezug auf AGB, die lediglich Ausdruck von Vertragsimparität und nicht von Marktmacht sind und deren Durchsetzung nicht zu einer Wettbewerbsbehinderung führt, fehlt es insoweit

---

112   Ähnlich *Franck*, ZWeR 2016, 137, 144 („Meta-Marktbehörde").
113   Anders *Lettl*, WuW 2016, 214, 218. Eine solche Begrenzung ist allenfalls in Bezug auf einfachgesetzliche nationale Missbrauchsverbote wie § 19 GWB denkbar, nicht aber in Bezug auf Art. 102 AEUV.
114   So *Lettl*, WuW 2016, 214, 217.
115   So EuGH, 4. 6. 2009, Rs. C-8/08 – *T-Mobile Netherlands*, Tz. 38

nicht nur an einem kartellrechtlichen „Anwendungswillen". Gleiches gilt auch aus zivilrechtlicher Sicht, denn das AGB-Recht soll nach dem Willen des deutschen Gesetzgebers durch die Zivilgerichte und nicht durch Verwaltungsbehörden durchgesetzt werden,[116] und für die Durchsetzung des Datenschutzrechts existieren Fachbehörden der Länder.

dd)   Besondere Verantwortung marktbeherrschender Unternehmen

Die Anwendung des Art. 102 AEUV zur Sanktionierung außerwettbewerblicher Rechtsverstöße lässt sich schließlich auch nicht aus der „besonderen Verantwortung marktbeherrschender Unternehmen für den Wettbewerb ableiten,[117] denn diese Verantwortung besteht (wenn man dem EuGH insoweit folgt) allenfalls für den Wettbewerb und nicht für die Rechtsordnung insgesamt. Sie bietet daher keinen hinreichenden Ansatzpunkt dafür, marktbeherrschende Unternehmen auch für außerwettbewerbliche Rechtsverstöße zusätzlich kartellrechtlich haftbar zu machen, ganz abgesehen davon, dass ein solcher Schutz anderer Interessen durch Anwendung des Kartellrechts notwendig unvollkommen bliebe, weil die datenschutzrechtlich nicht minder schutzwürdigen Kunden nicht marktbeherrschender Unternehmen davon ausgeschlossen blieben.

ee)   Missbrauch durch Rechtsbruch vs. Auswirkungsprinzip

Schließlich sind kollisionsrechtliche Aspekte zu bedenken. Das Kartellrecht beansprucht im Lichte des Auswirkungsprinzips überall dort Geltung, wo ein kartellrechtlich relevantes Verhalten Wirkungen zeigt. Andere Rechtsgebiete folgen insoweit aber anderen Regeln. So gilt etwa für das BDSG nach seinem § 1 Abs. 5 das Sitzprinzip. Das anzuwendende Recht richtet sich nach dem Ort, an dem die für die Erhebung, Verarbeitung oder Nutzung der Daten verantwortliche Stelle ihren Sitz hat. Vor diesem Hintergrund wirft die oben zitierte Presseerklärung des Bundeskartellamtes die Frage auf, warum auch Facebook Irland an das deutsche Datenschutzrecht gebunden und einer Kontrolle durch die deutschen

116 Vgl. hierzu *Franck*, ZWeR 2016, 137, 153, der zu Recht darauf hinweist, dass der deutsche Gesetzgeber bewußt zugunsten einer zivilgerichtlichen Kontrolle auf die Ausübung einer nach Art. 7 Abs. 2 Rl 93/13/EWG bestehenden Option der AGB-Kontrolle durch Verwaltungsbehörden verzichtet hat.
117 In diese Richtung gehend Monopolkommission, Sondergutachten 68, 2015, Tz. 527; s. auch *Lettl*, WuW 2016, 214, 215.

Datenschutzbehörden unterworfen sein sollte, obwohl nach § 1 Abs. 5 S. 1 BDSG die irische Datenschutzbehörde zuständig ist und irisches Datenschutzrecht gilt. Sind ausländische Marktbeherrscher aber nicht an die Normen des deutschen Datenschutzrechts gebunden, so ist der (rein faktische, aber eben rechtlich nicht relevante) „Verstoß" gegen eine gar nicht anwendbare deutsche Norm offensichtlich auch nicht geeignet, einen Kartellrechtsverstoß aufgrund eines „Machtmissbrauchs durch Rechtsbruch" zu begründen. Es fehlt an einem Rechtsbruch.

In diesem Zusammenhang ist bemerkenswert, dass das VG Hamburg am 3. März 2016 entschieden hat, dass der Hamburgische Datenschutzbeauftragte nicht befugt sei, auf der Basis des § 13 Abs. 6 TMG (der deutschen Nutzern ein Recht auf Anonymität im Internet einräumt) gegen die Klarnamenpflicht bei Facebook vorzugehen, weil Facebook seinen Sitz in Irland habe und daher insoweit irischem Recht und der Kontrolle durch die irischen Behörden unterliege.[118]

Die insoweit geltenden Kollisions- und Kompetenznormen dürfen nicht einfach durch Anwendung des Kartellrechts überspielt werden, indem man den Verstoß gegen § 13 Abs. 6 TMG oder gegen Normen des Datenschutzrechts unter Hinweis auf die „besondere Verantwortung" des mutmaßlichen Marktbeherrschers Facebook einfach (auch) als Kartellrechtsverstoß bewertet und damit dem deutschen Medienrecht, Datenschutzrecht, Umweltschutzrecht usw. praktisch eine weltweite Geltung verschafft, welche diese Materien aus sich heraus gar nicht beanspruchen. Die gilt umso mehr mit Blick auf den enormen kartellrechtlichen Bußgeldrahmen.

Wohin eine diesen Aspekt missachtende Ausweitung des Anwendungsbereichs des Kartellrechts insoweit führen könnte, zeigen die Versuche der französischen Datenschutzbehörde, Google unter Hinweis auf das *Google Spain*-Urteil zum „Recht auf Vergessenwerden"[119] dazu zu zwingen, nach französischem Recht illegale Verweise nicht nur auf seinen EU-Seiten, sondern weltweit zu löschen. Die Anweisung, durch welche die französische Behörde letztlich beansprucht, das Internet weltweit zensieren zu dürfen und z.B. auch US-Nutzern dort völlig legale Informationen vorzuenthalten, ist derzeit angesichts des geringe Bußgeldrahmens des französischen Datenschutzrechts noch ein „Papiertiger".[120] Wären dagegen die kartellrechtlichen Bußgeldvorschriften einschlägig, sähe der Fall ganz anders aus.

---

118 VG Hamburg, Beschluss vom 3.3.2016, Az. 15 E 4482/15.
119 EuGH, 13.5.2015, Rs. C-131/12 – *Google Spain.*
120 Zu dem Verfahren, in dem derzeit ein Rechtsmittel Googles gegen diese Verfügung geprüft wird ist, s. etwa http://www.faz.net/-gqm-8h95w.

Umgekehrt erschiene es geradezu paradox, gegen ein marktbeherrschendes *deutsches* Unternehmen A auch *kartellrechtlich* (und ggf. sogar kartellbußgeld-rechtlich) vorzugehen, wenn es eine deutsche Datenschutzvorschrift verletzt, ein marktbeherrschendes *US-Unternehmen* B aber *kartellrechtlich* ungeschoren zu lassen, obwohl es sich genauso verhält wie Unternehmen A und sein Verhalten auch die gleichen wettbewerblichen Auswirkungen hat. Im einen Fall einen kartellrechtlichen Machtmissbrauch zu bejahen, im anderen dagegen (mangels Rechtsbruchs) einen solchen zu verneinen, überzeugt nicht. Ein solches Vorgehen würde zudem das bisher einheitlich für alle Verstöße gegen Art. 102 AEUV bzw. § 19 GWB geltende Auswirkungsprinzip partiell aushebeln und zu kartell-behördlich induzierten Wettbewerbsverzerrungen führen, die kartellrechtlich durch nichts zu rechtfertigen wären. Lehnt man dagegen die Fallgruppen eines „Machtmissbrauchs durch Rechtsbruch" ab, werden solche Unstimmigkeiten vermieden.

ff)   Zwischenfazit

Eine kartellrechtliche Fallgruppe des „Machtmissbrauchs durch Rechtsbruch" ist nicht anzuerkennen. Das Fordern unangemessener Bedingungen durch ein marktbeherrschendes Unternehmen begründet nicht per se einen Machtmiss-brauch,[121] sondern ist kartellrechtlich nur dann relevant, wenn dem Unternehmen die Durchsetzung dieser Bedingungen entweder gerade wegen seiner marktbe-herrschenden Stellung möglich ist (strikte Kausalität, Ausbeutungsmissbrauch), oder weil sich dieses Verhalten an sich (unabhängig davon, ob es zusätzlich eine außerwettbewerbliche Norm verletzt) gerade deshalb negativ auf den Wettbe-werb auswirkt, weil es von einem marktbeherrschenden Unternehmen ausgeht (normative Kausalität, Behinderungsmissbrauch).[122] Dafür sind – im deutschen wie europäischen Recht – ein Wettbewerbsbezug des Verhaltens und insoweit auch eine zumindest normative Kausalität zwischen Marktbeherrschung und Missbrauchsverhalten zu fordern. Nicht der Rechtsbruch als solcher ist kartell-rechtlich relevant. Im Mittelpunkt steht die Frage, ob ein bestimmtes Verhalten

---

121 So auch *Frank*, ZWeR 2016, 137, 151.

122 Insoweit enger *Frank*, ZWeR 2016, 137, 139 und 151 ff., der einen Missbrauch nur bei Vorliegen strikter (instrumenteller) Kausalität annehmen will und deshalb einen Konditi-onenmissbrauch grundsätzlich ablehnt, wenn die Durchsetzung der rechtswdrigen Kondi-tionen auf einem bloßen Marktinformationsversagen beruht, hiervon allerdings in be-stimmten Fällen Ausnahmen machen will, um Wertungswidersprüche im Verhältnis zu anderen Gesetzen zu vermeiden.

den Wettbewerb beeinträchtigt, d.h. die wettbewerbliche Wirkung des betreffenden Verhaltens marktbeherrschender Unternehmen.

6. Datenschutz als Rechtfertigungsgrund für Kartellrechtsverstöße?

Mit Blick auf das Verhältnis von Datenschutzrecht und Kartellrecht stellt sich schließlich die Frage, ob Verstöße gegen das Kartellverbot des Art. 101 Abs. 1 AEUV oder das Missbrauchsverbot des 102 AEUV dadurch „gerechtfertigt" werden können, dass die betreffenden Verhaltensweisen den Datenschutz verbessern. Dies wird in der Literatur bisweilen vertreten und eine Berücksichtigung anderer Ziele – etwa des Umwelt- oder Gesundheitsschutzes – befürwortet.[123] Solchen Überlegungen ist entgegenzuhalten, dass das Kartellrecht – wie oben ausgeführt wurde – aus guten Gründen rein wettbewerblich ausgerichtet ist.

Müssten die Kartellbehörden außerwettbewerbliche Ziele als Rechtfertigungsgründe berücksichtigen, so würde dies zu einer umfassenden Politisierung des Kartellrechts und zu letztlich willkürlichen Entscheidungen führen. Die dafür erforderlichen Abwägungsprozesse würden die Fähigkeiten und Kompetenzen der Kartellbehörden übersteigen. Die Hinzuziehung von Experten der jeweiligen Fachbehörde (etwa der Datenschutzbehörde) würde wenig helfen, denn diese könnten allenfalls feststellen, ob der Datenschutz durch das unternehmerische Verhalten beeinträchtigt oder gefördert wird. Die Abwägung des Datenschutzes mit dem kartellrechtlichen Ziel des Wettbewerbsschutzes müsste weiterhin von den Kartellbehörden geleistet werden. Diese aber sind zu einer sachgerechten Abwägung nicht in der Lage, weil es sich dabei letztlich weniger um eine rechtliche als um eine politische Entscheidung handeln würde, solange gesetzliche Abwägungsmaßstäbe fehlen. Dieses Problem würde sich potenzieren, wenn nicht nur ein außerwettbewerbliches Ziel (z.B. Datenschutz), sondern ein Strauß von unter Umständen in verschiedene Richtungen deutenden Zielen (z.B. Datenschutz, Umweltschutz, Arbeitnehmerschutz usw.) neben dem Wettbewerbsschutz betroffen wäre, die dann zusätzlich auch gegeneinander angewogen werden müssten. Solange der Gesetzgeber den Kartellbehörden insoweit keine klaren Vorgaben macht, sind diese daher allein dem Schutz des Wettbewerbs verpflichtet und dürfen außerwettbewerbliche Gründe nicht zur Rechtfertigung von Wettbewerbsverstößen heranziehen.

Genau aus diesem Grunde hat der deutsche Gesetzgeber im Bereich der Fusionskontrolle die Aufgabe einer Abwägung des Wettbewerbsschutzes mit außer-

---

123 Vgl. etwa *Frenz*, EWS 2014, 193.

wettbewerblichen Zielen ganz bewusst der (rein wettbewerblich ausgerichteten) Fusionskontrolle durch das Bundeskartellamt entzogen und diese politische Entscheidung nach § 42 GWB der Politik in Gestalt des Bundeswirtschaftsministers zugewiesen. Die aktuelle Debatte über die Ministererlaubnis im Fall *Edeka/Tengelmann*[124] und über das Instrument der Ministererlaubnis insgesamt macht deutlich, wie schwierig die Abwägung wettbewerblicher und außerwettbewerblicher Aspekte im Einzelfall sein kann, und wie stark der mediale und politische Druck auf eine Wettbewerbsbehörde werden könnte, die nicht allein dem Schutz des Wettbewerbs verpflichtet wäre. Diese Büchse der Pandora sollte verschlossen bleiben.

7. Fazit

Die Kartellbehörden sind berufen, das Kartellrecht anwenden, um den Wettbewerb zu schützen. Außerwettbewerbliche Missstände auf dem Gebiet des Vertragsrechts sind in erster Linie Sache des Zivilrechts und der Zivilgerichte. Missstände in Bezug auf den Datenschutz sollten auf der Grundlage des Datenschutzrechts durch die Datenschutzbehörden adressiert werden.[125] Diese Auffassung wird erfreulicherweise auch von den meisten Kartellbehörden geteilt, die ihre Instrumentalisierung zu „Hilfs-Datenschutzbehörden" zu Recht wiederholt abgelehnt haben. So hat die EU-Kommission in ihrer Entscheidung *Facebook/WhatsApp* unterstrichen:

"Any privacy-related concerns flowing from the increased concentration of data within the control of Facebook as a result of the Transaction do not fall within the scope of the EU competition law rules but within the scope of the EU data protection rules".[126]

Und die US-amerikanische FTC hat schon in ihrer Entscheidung *Google/DoubleClick* ausgeführt:

„Not only does the Commission lack legal authority to require conditions to this merger that do not relate to antitrust, regulating the privacy requirements of just one company

---

124 Der Text der Ministererlaubnis ist wiedergegeben in NZKart 2015, 193 ff. Dazu auch *Maier-Rigaud/Schwalbe*, NZKart 2015, 289; *Körber*, NZKart 2016, 245.
125 Im Grundsatz ebenso Monopolkommission, Sondergutachten 68, 2015, Tz. 10, 516.
126 KOMM., 3.10.2014, M.7217 – *Facebook/WhatsApp,* Tz. 164. Ähnlich auch schon EuGH, 23.11.2006, Rs. C-238/05 – *Asnef-Equifax/Ausbanc*: Tz. 63: „Wie zudem der Generalanwalt in Nummer 56 seiner Schlussanträge ausgeführt hat, sind etwaige Fragen im Zusammenhang mit der Sensibilität personenbezogener Daten, die als solche nicht wettbewerbsrechtlicher Natur sind, nach den einschlägigen Bestimmungen zum Schutz solcher Daten zu beantworten".

could itself pose a serious detriment to competition in this vast and rapidly evolving industry."[127]

Dem ist nichts hinzuzufügen, außer der Hoffnung, dass letztlich auch das Bundeskartellamt diesem Grundsatz weiser Selbstbeschränkung im laufenden *Facebook*-Verfahren treu bleiben wird.

---

127 FTC, 11.12.2007, File No. 071-0170 – *Google/DoubleClick* (https://www.ftc.gov/sys tem/files/documents/public_statements/418081/071220googledc-commstmt.pdf), S. 2 f.

Die Bedeutung von Daten für den Wettbewerb zwischen Suchmaschinen

Dennis Kaben[1]

Inhalt

A. Einleitung   124
B. Daten sind nicht wie Öl, sondern wie Sonnenlicht   124
    I.   Unterschiede zwischen Daten und Öl   125
         1. Keine Exklusivität und Rivalität von Daten   125
         2. Keine Knappheit von Daten   126
         3. Geringe Kosten der Erhebung und Aufbewahrung von Daten   126
         4. Flüchtigkeit von Daten   127
         5. Kein Wert von Daten ohne Analyse   127
         6. Beschränkte Nutzbarkeit von Daten   128
    II. Gemeinsamkeiten zwischen Daten und Sonnenlicht   129
C. Die Fähigkeit zur Analyse ist wichtiger als die Menge an Daten   129
    I.   Daten, Informationen, Wissen und Erkenntnisse   130
    II. Daten und Erkenntnisse bei Suchmaschinen   131
D. Daten im Wettbewerb zwischen Suchmaschinen   133
    I.   Datenerhebung bei einer Suche mit Google   133
    II. Kontrollmöglichkeiten für den Nutzer   136
    III. Datenschutzrechtliche Vorgaben für Suchmaschinen   137
    IV. Verfügbarkeit von Suchdaten   139
         1. Portabilität von Suchdaten   139
         2. Allgemeine Verfügbarkeit von Suchdaten   140
    V.   Werbung bei Suchmaschinen und Daten   141
E. Die bisherige Entwicklung von Suchmaschinen und anderen
    Internetdiensten   143
F. Fazit   146

---

1   Der Autor Dennis Kaben, LL.M. (UCT) ist Legal Director bei der Google Germany
    GmbH. Der Beitrag basiert auf einem Vortrag des Autors am 22.01.2016 in Göttingen
    und gibt seine persönliche Meinung wieder. Alle zitierten Links wurden zuletzt abgerufen
    am 30.05.2016.

A. Einleitung

"Daten sind das neue Öl" - so lautet eine These, die man seit einiger Zeit häufig hört und liest,[2] obwohl der Vergleich mit einer begrenzt verfügbaren, sich verbrauchenden und nur exklusiv nutzbaren Energiequelle den völlig konträren Eigenschaften von Daten nicht gerecht wird. Wenn man Daten mit einer Energiequelle vergleichen möchte, dann passt der Vergleich mit Sonnenlicht viel besser als mit Öl.

Im folgenden Beitrag lege ich einleitend dar, welche besonderen Eigenschaften Daten haben und weshalb diese Eigenschaften einen Vergleich mit Öl nicht zulassen. Anschließend zeige ich, dass für den Wettbewerb im Internet nicht (allein) die Menge an Daten über den Erfolg entscheidet, sondern die spezifische Fähigkeit die Bedürfnisse der Nutzer zu erkennen (oder überhaupt zu wecken) und diese Bedürfnisse im Anschluss durch innovative Dienste zu befriedigen. Als Beleg für diese These beschreibe ich, welche Rolle Daten insbesondere im Wettbewerb zwischen Suchmaschinen spielen, denn auch hier ist die Qualität der Analyse und die andauernde und innovative Weiterentwicklung des Dienstes wichtiger für den Erfolg als die Quantität der zur Verfügung stehenden Daten.

B. Daten sind nicht wie Öl, sondern wie Sonnenlicht

Vergleiche passen häufig mehr schlecht als recht, zumal wenn sie mit einer bestimmten (wirtschafts-) politischen Intention angestellt werden. Der Vergleich von Daten mit Öl wird oft dazu verwendet, um Internetfirmen als die "Ölscheichs" des 21. Jahrhunderts darzustellen, die auf den reichlich sprudelnden Quellen der Daten ihrer Nutzer sitzen, während andere Unternehmen keinen oder nur deutlich geringeren Zugang zu diesem "Rohstoff" haben. Der Vergleich soll regelmäßig eine vermeintliche Knappheit und Exklusivität der Verfügbarkeit von Daten suggerieren, welche aber in Wirklichkeit nicht existieren. Tatsächlich ist der Vergleich von Daten mit Öl aus einer ganzen Reihe von Gründen nicht nur

---

2   Das Zitat geht möglicherweise auf Clive Humby (2006) zurück, so Palmer, in: http://ana.blogs.com/maestros/2006/11/data_is_the_new.html. Seitdem wurde dieses Zitat beinahe zum geflügelten Wort, vgl. nur Albrecht, Daten sind das neue Öl – deshalb braucht es einen starken EU-Datenschutz!, ZD 2013, 49; Schefzig, Wem gehört das neue Öl? – Die Sicherung der Rechte an Daten, K&R Beihefter 3/2015, 3; "Daten sind das neue Öl", abrufbar unter http://www.sueddeutsche.de/wirtschaft/google-wertvoller-als-exxon-mobil-daten-sind-das-neue-oel-1.1885188.

unpassend, sondern sogar falsch.[3] Es gibt zahlreiche fundamentale Unterschiede zwischen Daten und Öl, von denen hier nur einige genannt werden sollen. Der Vergleich mit Sonnenlicht passt jedenfalls viel besser als der mit Öl.

I. Unterschiede zwischen Daten und Öl

1. Keine Exklusivität und Rivalität von Daten

Die Nutzung von Daten ist im Gegensatz zu Öl nicht exklusiv.[4] Dies folgt aus dem Umstand, dass Daten im Gegensatz zu Öl grundsätzlich unendlich verfügbar sind und durch eine Nutzung nicht verbraucht werden. Daten sind sowohl mehrfach als auch durch mehrere Personen oder Unternehmen (und sogar von mehreren gleichzeitig) nutzbar. Die Nutzung durch eine Person oder ein Unternehmen beeinträchtigt nicht die Nutzung der Daten durch andere Personen oder Unternehmen, sodass also keine Rivalität besteht.[5] Öl ist nicht reproduzierbar, bei Daten ist dies hingegen sehr einfach. Auch riesige Datenmengen können mit wenig Aufwand und beliebig häufig kopiert werden.

Die fehlende Exklusivität von Daten wird verdeutlicht durch den Umstand, dass ein Nutzer regelmäßig identische oder ähnliche Daten bei mehreren gleichartigen Internetdiensten hinterlässt. Dieses sogenannte "Multi-Homing" ist schon jetzt äußerst verbreitet und wird sich in Zukunft aller Voraussicht nach noch weiter verstärken.[6] Dabei verhindert das "Multi-Homing" auch, dass sich nur ein einziger Anbieter am Markt durchsetzt.[7] Seine Einkäufe tätigt ein durchschnittlicher Verbraucher je nach Bedarf und Angebot einmal bei Amazon, eBay oder Zalando, ein weiteres Mal direkt bei einem kleineren Webshop oder offline bei Media Markt oder Karstadt. Jeder dieser Anbieter erhebt ähnliche Daten über den Verbraucher und sein Einkaufsverhalten, sei es über Kundenkonten, Kundenkarten oder auf anderem Wege. Gerade bei der Nutzung gängiger Internet-

---

3 So auch *Dewenter*, Sind Daten das neue Öl?, abrufbar unter http://www.m-blog.in fo/2016/03/sind-daten-das-neue-ol/.

4 *Lambrecht/Tucker*, Can Big Data Protect a Firm from Competition?, S.5.

5 *Zech*, Daten als Wirtschaftsgut - Überlegungen zu einem "Recht des Datenerzeugers", CR 2015, S. 139, *Lambrecht/Tucker*, Can Big Data Protect a Form from Competition, S. 5.

6 *Lerner*, the Role of "Big Data" in Online Platform Competition, S. 23.

7 *Dewenter/Rösch*, Einführung in die neue Ökonomie der Medienmärkte, 2015, S. 255 f.; *Evans/Schmalensee*, The Industrial Organization of Markets with Two-Sided Platforms, Vol. 3 (2007), 151 (173); *Armstrong*, Competition in two-sided markets, RAND Journal of Economics, Vol. 37 (2006), 668 (669).

Dennis Kaben

anwendungen tritt "Multi-Homing" häufig auf: Mehr als 50 Prozent der mobilen Internetnutzer verwenden mehr als einen Messenger Dienst auf ihrem mobilen Gerät[8] und auch bei der Internetsuche ist es üblich, mehrere Dienste zu verwenden. Nutzer suchen parallel bei allgemeinen Suchmaschinen wie Google oder Bing und führen spezialisierte Suchen bei z.B. Amazon (Produkte) oder Expedia (Reisen) durch.

2.   Keine Knappheit von Daten

Der Wert von Öl liegt gerade in seiner Knappheit und regional begrenzten Verfügbarkeit, während Daten weltweit entstehen sowie erhoben und genutzt werden können. Internetdienste werden meistens in einer Vielzahl von Ländern (und häufig sogar beinahe weltweit) angeboten. Ein Internetanbieter aus den USA kann dabei Daten von Nutzern in Deutschland erheben, ein deutscher Internetanbieter von Nutzern aus den USA. Es gibt bei der Nutzung und Erhebung von Daten also keinen der Förderung von Öl vergleichbaren Standortvorteil.

3.   Geringe Kosten der Erhebung und Aufbewahrung von Daten

Öl ist schwer zu fördern, aufzubewahren und auch zu transportieren. Es bedarf dafür gewaltiger und teurer Infrastruktur wie Förderanlagen, Bohrinseln, Öltanks und Öltanker. Das genaue Gegenteil trifft auf Daten zu: Um Daten zu erheben reicht eine einfache, von jedermann zu schreibende Software. Daten sind, auch ohne die Speicherung auf einem Medium, leicht und mit nur geringen oder keinen Kosten verbunden über das Internet zu übertragen.[9] Die Aufbewahrung von Daten wird, auch bei sehr großen Datenvolumen, immer einfacher und billiger, denn dank der Möglichkeiten des Cloud Computing muss für die Speicherung der Daten keine eigene Infrastruktur mehr vorgehalten werden, sondern es stehen dafür Angebote von Dienstleistern zur Verfügung.[10] Ein Anbieter von Internet-

---

8   So die im Juni 2015 durchgeführte Studie von MindTake Research, Zusammenfassung abrufbar unter http://research.mindtake.com/de/jeder-zweite-mobile-internet-user-verwendet-mehr-als-einen-messenger-dienst.

9   Lambrecht/Tucker, Can Big Data Protect a Form from Competition, S. 5.

10   Nach der von der Europäischen Kommission in Auftrag gegebenen Studie "SMART 2013/0043 - Uptake of Cloud in Europe", abrufbar unter https://ec.europa.eu/digital-single-market/en/news/final-report-study-smart-20130043-uptake-cloud-europe, S. 20 ff., nutzten von den befragten Unternehmen im Jahr 2013 25% private Cloud-Dienste. Ende 2015 sollen bereits 50% der befragten Unternehmen solche Dienste nutzen und die Studie

diensten, der Daten erhebt und speichert, muss dafür keine eigenen Server oder gar ein eigenes Datencenter betreiben, er kann sich für stetig sinkende Kosten Speicherplatz mieten.[11]

4.   Flüchtigkeit von Daten

Öl ist äußerst beständig, während Daten sehr schnell veralten. Das heute geförderte Öl ist schon vor Millionen von Jahren entstanden und noch lange nutzbar. Bereits wenige Wochen, Monate oder gar Jahre alte Daten haben dagegen häufig keinen großen praktischen Nutzen mehr. Die "Halbwertszeit" von Daten ist äußerst gering.[12] Zum Beispiel interessieren sich Werbekunden viel mehr für das aktuelle Kaufverhalten der Nutzer als für das weit zurückliegende. Eine Stauvorhersage funktioniert nur zuverlässig mit Echtzeitmessungen über den Standort von Fahrzeugen, nicht aber mit Informationen darüber, wo sich die Fahrzeuge vor einigen Stunden oder Tagen befunden haben.[13] Adressdaten sind nur dann nützlich, wenn sie aktuell sind, da sie sonst eine Kundenansprache nicht mehr ermöglichen.

5.   Kein Wert von Daten ohne Analyse

Öl hat bereits als Rohstoff ohne weitere Verarbeitung oder Veredelung einen Wert. Der Wert kann durch eine Weiterverarbeitung zwar noch gesteigert werden, jedoch sind die dafür erforderlichen Verfahren lange bekannt und führen zu einer überschaubaren Zahl an Endprodukten (wie etwa Benzin, Kerosin, chemische Erzeugnisse). Bei Daten ist dies anders, denn sie sind in ihrer Rohform noch

---

erwartet auch darüber hinaus einen massiven Anstieg der Nutzung. Nach S. 37 der Studie gaben 27% der befragten Unternehmen an, dass sie durch Cloud Computing generell Kosten sparen. 59% von diesen Unternehmen gaben an, dass sie zwischen 5% und 19% ihrer totalen IT-Kosten sparen, während 26% der Unternehmen sogar 30% oder mehr an IT-Kosten einsparen.

11   Zu diesem Ergebnis gelangte auch die repräsentative Umfrage von Bitkom Research im Auftrag der KPMG AG unter 457 Unternehmen ab 20 Mitarbeitern im Jahr 2015, siehe https://www.bitkom.org/Presse/Presseinformation/Erstmals-nutzt-die-Mehrheit-der-Unternehmen-Cloud-Computing.html sowie die Studie, abrufbar unter www.kpmg.de/ cloud.

12   Tucker/Wellford, Big Mistakes Regarding Big Data, abrufbar unter https://www.morgan lewis.com/~/media/antitrustsource_bigmistakesregardingbigdata_december2014.ashx, S. 7.

13   Beispiele nach Dewenter, Sind Daten das neue Öl?, abrufbar unter http://www.m-blog.info/2016/03/sind-daten-das-neue-ol/.

wertlos und bekommen ihren Wert erst durch eine sinnvolle Strukturierung und Analyse. Die Bedeutung von Daten für die Wirtschaft liegt nicht in den Daten an sich, sondern in den aus den Daten gewonnen Erkenntnissen. Daten verhalten sich zu wirtschaftlich nutzbaren Erkenntnissen wie Sand zu Computerchips aus Silikon. Erst das Know-how bei der Verarbeitung gibt den Ausschlag für die sinnvolle wirtschaftliche Nutzung.[14] Im Unterschied zu Öl führt die Verarbeitung oder Veredelung von Daten, abhängig von deren Art, Menge und den individuellen Zielen und Fähigkeiten des Verarbeiters, zu einer nicht absehbaren Zahl von Nutzungsmöglichkeiten. Die Komplexität der Analyse nimmt dabei bei größerer Datenmenge nicht ab, sondern zu. Große Datensätze enthalten eine Vielzahl von Beobachtungen, was es schwieriger macht, die Beobachtungen zu interpretieren und daraus kausale Abhängigkeiten herzuleiten.[15]

6.   Beschränkte Nutzbarkeit von Daten

Öl ist ein frei handelbares Wirtschaftsgut mit einem Marktpreis, wobei sich die Rohöl-Preise an den Kursen der internationalen Ölbörsen orientieren.[16] Öl ist ein relativ homogenes Produkt. Sieht man einmal von Qualitätsunterschieden etwa hinsichtlich Dichte und Schwefelgehalt ab, ist ein Fass Öl gegen das andere austauschbar. Öl unterliegt keinen spezifischen Beschränkungen hinsichtlich seiner Nutzbarkeit für den Erwerber.

Daten hingegen haben regelmäßig keinen Marktpreis, außer in einigen besonderen Fällen, wie z.B. Adressdaten. Ein etwaiger Preis bezieht sich auch hier allerdings nicht auf die Daten an sich, sondern auf eine spezifische Auswertung, die auf Basis der Daten vorgenommen wurde. Dass es für Daten keinen einheitlichen Markt(preis) gibt, liegt zum einen an ihrer Heterogenität. Ein Datensatz ist nicht ohne weiteres durch einen anderen zu ersetzen. Informationen über den Standort einer Person können typischerweise nicht mit Daten über das Einkommen dieser Person substituiert werden. Informationen über das Konsumverhalten sind nur teilweise durch Informationen über das Suchverhalten ersetzbar.[17] Zum anderen unterliegt die Nutzung von Daten spezifischen Restriktionen.

---

14   So auch im Ergebnis Dewenter, Sind Daten das neue Öl?, abrufbar unter http://www. m-blog.info/2016/03/sind-daten-das-neue-ol/.
15   Lambrecht/Tucker, Can Big Data Protect a Form from Competition, S. 9.
16   Siehe dazu ausführlich Mineralölwirtschaftsverband e.V, Preisbildung am Rohölmarkt, 2004, abrufbar unter https://web.archive.org/web/20070808073150/http://www.mwv.de/ cms/upload/pdf/faq/preisbildung.pdf.
17   Beispiele nach Dewenter, Sind Daten das neue Öl?, abrufbar unter http://www. m-blog.info/2016/03/sind-daten-das-neue-ol/.

Insbesondere bei den personenbezogenen Daten bestehen aufgrund des Datenschutzrechts strikte Beschränkungen, die sie nur begrenzt und sehr individuell nutzbar machen. Im Datenschutzrecht gilt das sog. Verbot mit Erlaubnisvorbehalt, welches die Verarbeitung von personenbezogen Daten verbietet, wenn nicht ein gesetzlicher Erlaubnistatbestand eingreift, wie etwa die Einwilligung. Eine informierte Einwilligung einer betroffenen Person kann sich allerdings nur auf eine bestimmte Nutzung der personenbezogenen Daten durch ein bestimmtes Unternehmen beziehen, wirkt also nicht generell. Fehlt es der verantwortlichen Stelle an einer Erlaubnis für die Verarbeitung von personenbezogenen Daten, so kann über diese Daten nicht verfügt werden. Ein Handel mit personenbezogenen Daten ist daher bereits rechtlich in den meisten Fällen ausgeschlossen oder stark eingeschränkt und diese Daten haben daher auch keinen in Geld zu messenden Wert. Die Nutzung von Öl unterliegt keinen vergleichbaren Beschränkungen.

II.   Gemeinsamkeiten zwischen Daten und Sonnenlicht

Die Gegenüberstellung von Daten mit Öl zeigt, dass dieser Vergleich nicht passt. Ähnliches gilt für den Vergleich von Daten mit anderen Rohstoffen, wie zum Beispiel Gold. Wenn man denn einen Vergleich zwischen Daten und einer Energiequelle anstellen möchte, so passt der Vergleich mit Sonnenlicht viel besser.

Sonnenlicht ist grundsätzlich überall auf der Welt und unendlich verfügbar, wenn auch in unterschiedlicher Menge. Die Nutzung von Sonnenlicht ist nicht exklusiv, es kann von vielen Personen und Unternehmen gleichzeitig genutzt werden. Sonnenlicht ist als solches (also in seiner ursprünglichen Form als elektromagnetische Strahlung) nicht handelbar und hat mangels Marktes auch keinen Preis. Die kommerzielle Nutzung von Sonnenlicht, zum Beispiel zur Umwandlung in Strom, hängt maßgeblich von dem vorhandenen Know-How ab und nicht allein vom Zugang zu der Ressource. Sonnenlicht in Strom umzuwandeln und diesen dann zu übertragen und zu speichern, wird immer einfacher und günstiger, wie die Vielzahl von photovoltaischen Anlagen auf Privathäusern belegt. Sämtliche dieser Eigenschaften von Sonnenlicht sind mit den Eigenschaften von Daten durchaus vergleichbar.

C.   Die Fähigkeit zur Analyse ist wichtiger als die Menge an Daten

Die Menge an Daten, welche einem Unternehmen zur Verfügung steht, wird häufig als der maßgebliche Wettbewerbsfaktor in der digitalen Ökonomie angesehen. Es sei ein entscheidender Vorteil im Wettbewerb mit anderen Unternehmen, wenn ein Unternehmen auf viele Daten zurückgreifen könne.[18]

Auch wenn es für ein Unternehmen ohne Zweifel wichtig ist, Zugang zu Daten zu haben, ist es jedoch nicht die Menge an Daten, die einen Wettbewerbsvorteil begründet, sondern die Fähigkeit, die vorhandenen Daten einer sinnvollen Analyse zu unterziehen.[19] Erst nach diesem Schritt lassen sich sinnvolle ökonomische Entscheidungen treffen und umsetzen. Dieser Grundsatz gilt in gleichem Maße für die digitale wie für die "analoge" Wirtschaft, denn auch für diese war und ist es von großer Bedeutung, Daten zu erheben, diese zu analysieren und daraus die richtigen Schlüsse zu ziehen.[20] Die Wirtschaft war von ihrem Anbeginn durch Daten getrieben, denn es war schon immer für den Unternehmer erforderlich, eine Nachfrage zu erkennen und ein darauf passendes Angebot zu machen. Dafür war die bloße Beobachtung eines Phänomens noch nie ausreichend, seit jeher waren Analyse, Erkenntnis und Umsetzung die entscheidenden Schritte zum wirtschaftlichen Erfolg.

I.   Daten, Informationen, Wissen und Erkenntnisse

Daten an sich sind erstmal lediglich Zeichen oder Zeichenfolgen, d.h. Elemente der Sprache oder Schrift, die sich durch ihre Niederlegung auf einem beliebigen Datenträger (Papier, Festplatte etc.) von dem gesprochenen Wort oder der visuellen Beobachtung unterscheiden.[21] Aus den so niedergelegten rohen Messungen werden dann Informationen, wenn Zusammenhänge zwischen den Daten verstanden werden. Die Informationen werden zu Wissen, wenn man aus den Informationen durch einen "Verständnisvorgang"[22] Muster ableiten kann. Das

---

18   Lerner, The Role of "Big Data" in Online Platform Competition, S. 3.
19   Lambrecht/Tucker, Can Big Data Protect a Firm from Competition?, S. 11.
20   So auch Autorité de la concurrence und das Bundeskartellamt, "Competition Law and Data" vom 10. Mai 2016, S. 8 f.: "It is not a new phenomenon that businesses rely on data. Even back in the 'old economy' customer data were an essential source of information for any undertaking, e. g. in order to deliver advertising to possible customers, predict their shopping preferences or spending capacity and analyze their employees' performance. Marketing is based on market research, which comprises systematic data collection, processing and analysis. Every undertaking is interested in learning as much as possible about its customers' interests in order to improve its products, offer personalized services as well as to target advertisements."
21   Specht, Ausschließlichkeitsrechte an Daten - Notwendigkeit, Schutzumfang, Alternativen, CR 2016, 288 (290) m. w. N.
22   So Specht, Ausschließlichkeitsrechte an Daten - Notwendigkeit, Schutzumfang, Alternativen, CR 2016, 288 (290).

Wissen wird dann zu einer Erkenntnis, wenn die den Mustern zugrunde liegenden Prinzipien verstanden werden.

Das System des Erkenntnisgewinns lässt sich demnach grafisch als pyramidaler Aufbau darstellen, bei dem Daten die unterste Stufe, also quasi das Fundament, bilden und Erkenntnisse die oberste Stufe. Zwar wird die Erlangung von Erkenntnissen nie ohne Daten möglich sein, jedoch ist die Menge an Daten kein notwendiges oder hinreichendes Kriterium dafür. Ökonomische Entscheidungen beruhen auf Erkenntnissen und nicht auf Daten. Dabei ist der limitierende Faktor nicht die Menge an zur Verfügung stehenden Daten, sondern die Fähigkeiten zur Analyse. Der ökonomische Wert ergibt sich immer aus dem Ergebnis der Analyse der Daten und nicht aus diesen selbst.[23]

Dies lässt sich am Beispiel eines Supermarktes illustrieren:[24] Dieser kann Daten über das Einkaufsverhalten seiner Kunden in unterschiedlicher Weise verwenden. Wenn der Supermarkt beispielsweise anhand seiner Daten weiß, dass Kunden, die Grillgut kaufen, oft auch Bier mitnehmen, kann er beides nebeneinander oder eben besonders weit voneinander entfernt aufstellen, je nachdem wovon der Supermarkt sich mehr Verkäufe verspricht. Wenn der Supermarkt anhand der Daten ablesen kann, zu welchen Uhrzeiten der Kundenansturm für gewöhnlich besonders groß ist, kann er die Schichtpläne des Kassenpersonals optimieren. Durch die kreative Nutzung der Daten können auch neue Produkte und Dienstleistungen für die Kunden entwickelt werden, wie z.B. personalisierte Empfehlungen am Weinregal. Das Beispiel des Supermarktes macht deutlich, dass der Mehrwert für ein Unternehmen und die Kunden nicht bereits durch die Erhebung, sondern erst mit der sinnvollen Auswertung der Daten und daraus folgenden Maßnahmen geschaffen wird.

II.   Daten und Erkenntnisse bei Suchmaschinen

Die vorgenannten Grundsätze gelten für die analoge genauso wie für die digitale Welt. Daten sind ohne Zweifel wichtig, ja essentiell, und auch Google benötigt Daten, unter anderem, um seine Suchmaschine ständig weiter zu entwickeln und den Nutzern der Suchmaschine relevante Suchergebnisse und Anzeigen bereitstellen zu können. Allerdings gilt auch hier, dass ein Mehr an Daten einen immer kleineren Mehrwert an Erkenntnissen bietet. Die erste Million an Beobachtungen

---

23   Schefzig, Wem gehört das neue Öl? - Die Sicherung der Rechte an Daten, S. 1.
24   Beispiele nach Maicher, Warum Daten nicht das neue Öl sind, abrufbar unter http://digitalpresent.tagesspiegel.de/warum-daten-nicht-das-neue-oel-sind.

bringt ein Vielfaches mehr an Potential für Verbesserungen als die letzte Million an Beobachtungen.

Peter Norvig, Director of Research bei Google, hat den Nutzen von Daten in Relation zu der Datenmenge grafisch dargestellt. Bei seiner Darstellung der Datenmenge/Datennutzen-Relation handelt es sich um eine Kurve, die am Anfang relativ stark zunimmt und ab einem gewissen Punkt stark abflacht. Mehr Daten führen demnach nicht zu einem immer größer werdenden Mehrwert.[25]

Bei Suchmaschinen sind insbesondere die vom Nutzer eingegebenen Suchbegriffe sowie die anschließende Interaktion des Nutzers mit den angezeigten Suchergebnissen und Anzeigen wichtige Daten. Hieraus kann der Betreiber der Suchmaschine nämlich unter anderem ableiten, welche Suchergebnisse und Anzeigen eine Vielzahl von Nutzern für eine bestimmte Suche für relevant halten, und die Ergebnisse der Suche daraufhin ständig optimieren bzw. relevanteren Anzeigen den Vorrang einräumen. Es liegt dabei auf der Hand, dass die Erkenntnisse in dieser Hinsicht für den Suchmaschinenbetreiber belastbarer sind, wenn 10.000 statt 1.000 oder 100.000 statt 10.000 Nutzer bei einer bestimmten Suche bestimmte Ergebnisse und Anzeigen präferieren. Ebenso klar ist aber, dass es für den Erkenntnisgewinn einen deutlich kleineren Unterschied macht, ob eine oder zehn Millionen Nutzer mit den Ergebnissen der Suche in einer bestimmten Weise agiert haben. Mehr Daten bringen hier nicht unbegrenzt neue oder bessere Erkenntnisse.[26]

Für die Weiterentwicklung einer Suchmaschine sind diejenigen Suchanfragen besonders relevant, die es vorher noch nicht gegeben hat. Insbesondere aus neuartigen Suchen mit neuen Suchbegriffen oder neuen Kombinationen von Suchbegriffen lassen sich bisher nicht bekannte Informationen gewinnen. Der Informationszugewinn bei Suchen mit Suchbegriffen, die bereits vielfach vorgekommen sind, ist demgegenüber viel geringer. Neue, "einzigartige" Suchbegriffe tauchen indes relativ selten auf; der durchschnittliche Anteil bei Google liegt bei etwa 15%.[27]

Die "Lernkurve" von Google war daher am Anfang des Betriebs der Suchmaschine viel steiler als in den darauf folgenden Jahren, da in den frühen Jahren der Anteil an neuen, erstmalig eingegebenen Suchbegriffen gegenüber den Folgejahren sehr viel höher war. Suchmaschinen "kennen" also nach einer relativ kurzen Zeit bereits die meisten Suchanfragen und können analysieren, was den Suchenden wohl interessiert und welches die passende Antwort für ihn sein könnte. Vie-

---

25 Peter Norvig, Internet Scale Data Analysis, 2010, S.43, abrufbar unter: http://web.stan
    ford.edu/group/mmds/slides2010/Norvig.pdf.
26 Vgl. auch Lerner, the Role of "Big Data" in Online Platform Competition, S. 35 ff.
27 Lerner, the Role of "Big Data" in Online Platform Competition, S. 37 f.

le weitere Suchen mit bereits bekannten Suchbegriffen ermöglichen einen zusätzlichen Erkenntnisgewinn nur in begrenztem Umfang. Gerade bei Suchmaschinen muss daher mit Hinblick auf den zusätzlichen Wert von "mehr" Daten sorgfältig differenziert werden.[28]

D. Daten im Wettbewerb zwischen Suchmaschinen

Im Folgenden wird dargestellt, welche Rolle Daten insbesondere im Wettbewerb zwischen Suchmaschinen spielen. Dafür ist zunächst von Bedeutung, welche Daten bei der Nutzung einer Suchmaschine wie Google überhaupt erhoben und wie lange sie gespeichert werden. Es zeigt sich, dass die datenschutzrechtlichen Vorgaben sowie die dem Nutzer angebotenen Datenschutzeinstellungen und Kontrollmöglichkeiten einen erheblichen Einfluss darauf haben, welche Daten einem Suchmaschinenanbieter zur Verfügung stehen und dass die Menge an insbesondere personenbezogenen Daten kleiner ist als vielfach angenommen.

Daneben ist für die Bedeutung von Daten im Wettbewerb zwischen Suchmaschinen wichtig, welche Möglichkeiten für Konkurrenten (und insbesondere Neueinsteiger in den Wettbewerb) bestehen, Zugang zu relevanten Daten zu erhalten. Diese Möglichkeit kann darin liegen, dass Nutzer "ihre" Daten von einem zum anderen Anbieter mitnehmen. Darüber hinaus spielt eine Rolle, dass Google als eine der großen Suchmaschinen selbst Suchdaten öffentlich zugänglich macht. Schließlich gibt es eine Reihe von Unternehmen und Organisationen, die Daten anbieten, auf deren Basis eigene Suchdienste aufgebaut werden können.

I. Datenerhebung bei einer Suche mit Google

Bei einer Suche mit Google zu einem bestimmten Suchbegriff werden dem Nutzer auf einer Suchergebnisseite zum einen sogenannte organische Suchergebnisse präsentiert.[29] Überdies werden dem suchenden Nutzer auch als solche gekennzeichnete Anzeigen über das sog. AdWords Program im Kontext seiner Suche angezeigt.[30]

---

28 So auch: Monopolkommission, Sondergutachten 68 (Wettbewerbspolitik: Herausforderung digitale Märkte), S. 84.
29 Zur Funktionsweise der Google-Suche siehe https://support.google.com/webmasters/answer/70897?hl=de sowie https://www.google.de/insidesearch/howsearchworks/the story/.
30 Zur Funktionsweise von AdWords siehe https://support.google.com/adwords/answer/6349091?hl=de oder http://www.google.de/adwords/.

Die Google Datenschutzerklärung[31] erläutert den Nutzern klar und verständlich, welche Daten bei der Nutzung von Google-Diensten (einschließlich der Google Suche) erhoben und wie diese Daten durch Google verwendet werden.

Maßgeblich für die Datenerhebung im Zusammenhang mit der Nutzung der Google Suche ist, ob der Nutzer ein Google-Konto angelegt hat und in diesem Konto bei der Durchführung der Suche angemeldet ist oder nicht. Die große Mehrzahl der Suchanfragen wird von Nutzern getätigt, die kein Google-Konto haben oder bei der Suche nicht in ihrem Konto angemeldet sind.

Darüber hinaus ist für die Art und den Umfang der gespeicherten Daten für beide Arten von Nutzern von großer Bedeutung, wie diese ihren Browser konfiguriert haben. Wenn zum Beispiel ein Nutzer den Chrome Browser benutzt und den sog. "Inkognito-Modus" aktiviert hat, dann werden die von diesem besuchten Webseiten oder Downloads nicht in seinem Browser- und Download-Verlauf aufgezeichnet und alle Cookies werden gelöscht, sobald der Inkognito-Modus beendet wird.[32] Auch ohne Aktivierung des Inkognito-Modus bietet Chrome vielfältige Möglichkeiten für den Nutzer an, Browserdaten und insbesondere Cookies zu verwalten.[33] Andere gängige Browser wie Firefox, Safari oder Internet Explorer (bzw. ab Windows 10 "Microsoft Edge") bieten ihren Nutzern vergleichbare Möglichkeiten an.[34]

Zentrale Daten für Google bei einer konkreten Suchanfrage sind der vom Nutzer eingegebene Suchbegriff oder die Suchbegriffe sowie die darauf folgende Interaktion des Nutzers mit den angezeigten Suchergebnissen und Anzeigen, insbesondere welche davon der Nutzer anklickt. Der Suchbegriff ist erforderlich, um dem Nutzer überhaupt relevante Suchergebnisse und Anzeigen bereitstellen zu können und durch die Interaktionsdaten kann Google feststellen, welche Suchergebnisse und Anzeigen die Nutzer für relevant im Hinblick auf ihre Suchanfrage halten, um so die Relevanz von Suche und Anzeigen stetig zu verbessern.

Daneben werden weitere Daten von Google im Zusammenhang mit der Suche erhoben. So wird zum Beispiel die IP-Adresse des Benutzers genutzt, damit eine ungefähre geographische Standortbestimmung möglich ist und so dem Nutzer geographisch passende Suchergebnisse und Anzeigen präsentiert werden kön-

31 Abrufbar unter https://www.google.de/intl/de/policies/privacy.
32 https://www.google.de/intl/de/policies/technologies/managing/.
33 https://support.google.com/chrome/answer/95647?hl=de.
34 Siehe für Firefox https://support.mozilla.org/de/kb/einstellungen-fenster-datenschutz-abschnitt sowie https://support.mozilla.org/de/kb/cookies-informationen-websites-auf-ihrem-computer#w_cookie-einstellungen. Für Safari siehe https://support.apple.com/kb/PH19214?locale=de_DE. Für den Internet Explorer siehe http://windows.microsoft.com/de-de/internet-explorer/delete-manage-cookies#ie=ie-11 sowie für Microsoft Edge siehe http://windows.microsoft.com/de-de/windows-10/edge-privacy-faq.

nen. Die im Browser eingestellte Sprache dient zur Identifizierung, in welcher Sprache die Suchergebnisse dem Nutzer angezeigt werden sollen. Und die Erfassung des Gerätetyps erlaubt eine Unterscheidung, ob durch den Nutzer auf Mobilgeräte optimierte Webseiten bevorzugt werden. Ferner werden etwa Daten über das Betriebssystem, den von dem Nutzer verwendeten Browser sowie Datum und Uhrzeit der Suchanfrage erhoben.

Sollte ein Nutzer bei der Suchanfrage in sein Google-Konto eingeloggt sein, werden die Daten mit seinem Google-Konto verbunden und sind damit personenbezogen. Daneben setzt Google auch für nicht eingeloggte Nutzer einen Cookie, um zum Beispiel die Vorlieben des Benutzers in Bezug auf die Sprache zu speichern (allerdings nicht, wenn der Nutzer im "Inkognito-Modus" surft). Dadurch ist der Nutzer nicht dazu gezwungen, bei jeder Suchanfrage seine Präferenzen erneut festzulegen.

Es herrscht teilweise die Vorstellung, Google als Betreiber einer Suchmaschine säße auf einem immer größer werdenden Berg an personenbezogenen Daten, bei dem alle Suchanfragen, die ein Mensch jemals getätigt hat, zu einem genauen Profil von persönlichen Vorlieben zusammengeführt würden, ohne dass der Nutzer darauf Einfluss nehmen könnte. Diese Annahme ist falsch und berücksichtigt weder die unterschiedlichen Arten von Nutzern, noch die von Google eingeräumten Kontrollmöglichkeiten sowie die datenschutzrechtlichen Vorgaben.

Bei Nutzern, die die Suchmaschine benutzen, ohne über ein Google-Konto zu verfügen oder die in dieses bei der konkreten Suchanfrage nicht eingeloggt sind (also bei einem Löwenanteil aller Suchanfragen), wird Google die IP-Adresse übermittelt und Google setzt einen Cookie, wenn der Nutzer dies nicht ausschließt. Google ist aber praktisch nicht dazu in der Lage, über IP-Adressen oder Cookies einen Bezug zu einer natürlichen Person herzustellen, da Google insbesondere keine Möglichkeit hat herauszufinden, welcher natürlichen Person welche IP-Adresse zugeordnet ist.[35] Darüber hinaus werden IP-Adressen und Cookies nach kurzer Zeit anonymisiert, so dass eine länger als 18 Monate zurück reichende Profilbildung auch schon aus diesem Grund nicht erfolgen kann.

Google bietet Nutzern der Suchmaschine zudem weitreichende Möglichkeiten, selbst darüber zu entscheiden, welche Daten Google speichert und wie diese Daten verwendet werden, was die Menge der Google zur Verfügung stehenden personenbezogenen Daten weitgehend in das Ermessen seiner Nutzer stellt. Je höher deren Bewusstsein für den Datenschutz ist und je weniger die Nutzer davon überzeugt sind, dass ihnen die Nutzung ihrer Daten durch Google einen Vorteil bringt (z.B. durch eine bessere Anpassung von Suchergebnissen und Anzei-

---

35 Meyerdierks: „Sind IP-Adressen personenbezogene Daten?", MMR 2009, S. 8 ff.

135

gen an persönliche Präferenzen), desto weniger personenbezogene Daten kann Google nutzen.

II.   Kontrollmöglichkeiten für den Nutzer

Nutzer von Google Diensten können weitgehend selbst entscheiden, welche ihrer personenbezogenen Daten Google speichert und für welchen Zweck diese Daten verarbeitet werden dürfen.

In dem Bereich "Mein Konto" ist es dem Nutzer möglich, sowohl generelle Einstellungen als auch ganz individuelle Anpassungen vorzunehmen.[36] Die Kontrollmöglichkeiten sind klar und verständlich gehalten, sodass jeder Nutzer ohne weitere Vorkenntnisse oder (technisches) Fachwissen sie benutzen und festlegen kann, welche Daten aus der Benutzung von Google Diensten Google speichert. Der Nutzer erhält dort unter anderem einen Überblick, welche Such- und Browseraktivitäten von ihm durch Google erfasst wurden, also insbesondere seine früheren Suchanfragen und die von ihm besuchten Internetseiten. Durch entsprechende Einstellungen kann der Nutzer die Speicherung des Such- und Browserverlaufs generell deaktivieren. Außerdem kann er den gesamten Verlauf, also alle früheren Suchanfragen und Browseraktivitäten, löschen. Alternativ ist eine Löschung sogar für einzelne Suchanfragen und Browseraktivitäten möglich. Der Nutzer hat also sowohl generelle als auch sehr spezifische Möglichkeiten über die Nutzung seiner Daten zu bestimmen.

Ähnlich weit gehende Kontrollmöglichkeiten bestehen für den Nutzer auch im Bereich der Werbung.[37] So kann ein Nutzer mit Google Konto insbesondere darüber entscheiden, ob und inwieweit Google die im Zusammenhang mit dem Konto des Nutzers gespeicherten Daten für interessenbezogene Werbung verwenden darf.[38] Damit ist Werbung gemeint, die Google aufgrund der bisherigen Aktivitäten eines Nutzers für diesen für passend hält. Die Werbung, die der Nutzer sieht, wird dabei auf Basis seiner früheren Suchanfragen, der von ihm auf YouTube angesehenen Videos und anderer Informationen ausgewählt, die mit dem Konto des Nutzers verknüpft sind (wie zum Beispiel Alter oder Geschlecht). Kategorien von interessenbezogener Werbung sind etwa "Bücher und Literatur", "Essen und Trinken" oder "Fitness".

---

36   Abrufbar unter https://myaccount.google.com/.
37   Ein Überblick über die verschiedenen Arten von Google Werbeanzeigen findet sich unter https://support.google.com/ads/answer/1634057.
38   Eine Beschreibung der Kontrollmöglichkeiten ist abrufbar unter https://www.google. com/settings/u/0/ads/authenticated?hl=de.

Der Nutzer mit Google Konto kann diese Art der Werbung vollständig deaktivieren.[39] Damit werden alle mit dem Google Konto bisher verknüpften Interessen hinsichtlich Werbung gelöscht und auch in Zukunft nicht mehr gespeichert. Alternativ hat der Nutzer die Möglichkeit, die eigenen Interessen selbst festzulegen und die von Google vermuteten Interessen gegebenenfalls zu korrigieren oder, je nach Belieben, einzeln zu löschen. Auch Nutzer ohne Google Konto können bestimmen, ob ihnen im Zusammenhang mit der Google Suche oder auf Drittseiten interessenbezogene Werbung angezeigt wird.[40] Die Deaktivierung führt dazu, dass interessenbezogene Werbung aus dem Google Displaynetzwerk sowie Google Anzeigen, die auf Besuchen des Nutzers von Webseiten von Werbetreibenden basieren, dem Nutzer nicht mehr angezeigt wird. Bei Nutzung der Google Suche darf ein Werbetreibender nach der Deaktivierung durch den Nutzer dessen frühere Besuche auf der Webseite des Werbetreibenden bei der Schaltung von Werbeanzeigen nicht mehr berücksichtigen (sog. Remarketing).

Welche Daten Google zur Verbesserung seiner Dienste und zur Verwendung im Zusammenhang mit Werbung nutzen kann, hängt damit maßgeblich von dem Umfang ab, in dem die Nutzer die ihnen zur Verfügung stehenden Kontrollmöglichkeiten zur Verwaltung ihrer (personenbezogenen) Daten bei Google wahrnehmen.

Dies verdeutlicht, dass ein ausgeprägtes Bewusstsein der Nutzer für den Datenschutz sich unmittelbar auf die Menge an Daten auswirkt, welche einem Suchmaschinenbetreiber zur Verfügung stehen, zumindest wenn er wie Google entsprechende Kontrollmöglichkeiten anbietet.

III.   Datenschutzrechtliche Vorgaben für Suchmaschinen

Darüber hinaus hat auch das geltende Datenschutzrecht erhebliche Auswirkungen auf die Art und Menge der einem Suchmaschinenbetreiber zur Verfügung stehenden Daten.

In diesem Bereich existieren schon seit 2008 strenge datenschutzrechtliche Vorgaben auf europäischer Ebene durch eine Stellungnahme der Artikel-29 Datenschutzgruppe.[41] Diese hat bereits vor acht Jahren die konkrete Forderung er-

---

39   Eine Anleitung ist abrufbar unter: https://support.google.com/ads/answer/2662922.
40   Übersicht über die Kontrollmöglichkeiten abrufbar unter https://www.google.com/settings/u/0/ads/anonymous?hl=de.
41   Artikel 29 Datenschutzgruppe, Stellungnahme 1/2008 zu Datenschutzfragen im Zusammenhang mit Suchmaschinen, S. 28 f, abrufbar unter http://ec.europa.eu/justice/policies/privacy/docs/wpdocs/2008/wp148_de.pdf.

hoben, dass personenbezogene Daten durch die Betreiber von Suchmaschinen gelöscht oder anonymisiert werden, wenn sie für den Zweck, für den sie erhoben wurden, nicht mehr erforderlich sind:

"Die Suchmaschinenbetreiber müssen personenbezogene Daten löschen oder (unumkehrbar und wirksam) anonymisieren, sobald sie für den Zweck, für den sie erhoben wurden, nicht mehr notwendig sind. Die Arbeitsgruppe fordert die Suchmaschinenbetreiber zur Entwicklung geeigneter Anonymisierungssysteme auf. "

Die Artikel-29 Datenschutzgruppe nennt in diesem Kontext einen groben Richtwert von sechs Monaten:

"Die Speicherungsfristen sollten auf ein Minimum reduziert werden und in einem angemessenen Verhältnis zum jeweiligen von den Suchmaschinenbetreibern angeführten Zweck stehen. Angesichts der bisher abgegebenen Stellungnahmen der Suchmaschinenbetreiber zu den möglichen Zwecken für die Erhebung personenbezogener Daten sieht die Arbeitsgruppe keine Grundlage für eine Speicherungsfrist von mehr als sechs Monaten. In den einzelstaatlichen Rechtsvorschriften kann die Löschung von personenbezogenen Daten jedoch bereits zu einem früheren Zeitpunkt vorgeschrieben sein. Sofern die Suchmaschinenbetreiber personenbezogene Daten länger als sechs Monate speichern, müssen sie umfassend nachweisen, dass dies für den Dienst zwingend notwendig ist. Auf jeden Fall sollte die Information über die von den Suchmaschinenbetreibern festgelegten Speicherungsfristen auf ihrer Startseite einfach zugänglich sein."

Obwohl die Stellungnahme nicht (unmittelbar) rechtlich verbindlich ist, orientieren sich, soweit ersichtlich, die Suchmaschinenbetreiber an diesen Vorgaben.[42] Google zum Beispiel anonymisiert IP-Adressen nach spätestens neun Monaten und Cookies nach spätestens 18 Monaten.[43] Dadurch wird ein möglicher Personenbezug der Suchdaten von Nutzern, welche bei der Suche nicht in ihrem Google-Konto angemeldet sind, endgültig ausgeschlossen.

Die bestehenden datenschutzrechtlichen Vorgaben reduzieren damit ebenfalls die Menge an personenbezogenen Daten, welche Suchmaschinenbetreibern in der EU dauerhaft zur Verfügung stehen. In Bezug auf die Mehrheit der Nutzer seiner Suchmaschine verfügt Google allenfalls nur über kurz in die Vergangenheit zurück reichende Erkenntnisse, selbst wenn man einen Personenbezug auf der Basis von IP-Adressen und Cookies annehmen wollte. Die Nutzer haben daneben die dargestellten weitreichenden Kontrollmöglichkeiten.

---

42 Chiou/Tucker, Search Engines and Data Retention: Implications for Privacy and Antitrust, S. 4 ff.
43 Ankündigung abrufbar unter https://googleblog.blogspot.de/2008/09/another-step-to-protect-user-privacy.html. Für Bing vgl.: https://privacy.microsoft.com/de-de/privacy statement.

IV.   Verfügbarkeit von Suchdaten

1.   Portabilität von Suchdaten

Für die Frage, inwieweit die Menge an Daten den Wettbewerb zwischen Such-maschinen beeinflusst, ist relevant, inwieweit ein Nutzer dazu in der Lage ist, "seine" Daten zu einem anderen Betreiber mitzunehmen, wenn er dies wünscht. Ist dies möglich, spielt es für den Wechsel des Anbieters eine kleinere Rolle, dass der neue Anbieter die Suchhistorie des Nutzers noch nicht so lange kennt wie der alte Anbieter.

Der Grundsatz der Datenportabilität ist in der neuen Datenschutz-Grundverordnung[44] in Artikel 20 explizit geregelt. Demnach hat eine betroffene Person

> "das Recht, die sie betreffenden personenbezogenen Daten, die sie einem Verantwortli-chen bereitgestellt hat, in einem strukturierten, gängigen und maschinenlesbaren Format zu erhalten, und sie hat das Recht, diese Daten einem anderen Verantwortlichen ohne Be-hinderung durch den Verantwortlichen, dem die personenbezogenen Daten bereitgestellt wurden, zu übermitteln".

Das Recht auf Datenübertragung von personenbezogenen Daten von einem An-bieter zu einem anderen Anbieter ist demnach in der EU ab 2018 mit dem In-krafttreten der Datenschutz-Grundverordnung gesetzlich festgeschrieben.

Google bietet bereits seit mehr als fünf Jahren die Möglichkeit an, Daten aus seinen Diensten zu einem anderen Anbieter mitzunehmen, unter anderem durch einen eigenen Dienst namens "Google Takeout". Dieser bietet die Möglichkeit, Daten aus diversen Google Diensten zu kopieren und zu übertragen.[45] Die Mög-lichkeit zum Herunterladen vergangener Suchdaten bietet Google Kunden mit einem Google-Konto auch unabhängig von Google Takeout an.[46]

Nutzer können damit schon jetzt problemlos den Suchanbieter wechseln und einer anderen Suchmaschine ihre historischen Suchdaten bei Google zur Verbes-serung der Such- und Anzeigenqualität übermitteln, wenn die andere Suchma-schine entsprechende Schnittstellen bereit stellt. Diese Möglichkeit reduziert zu-sätzlich die Hürden für den Eintritt neuer Anbieter, welche über weniger Daten verfügen als Google.

---

44   Verordnung 2016/679/EU des Europäischen Parlaments und Rates vom 27. April 2016 zum Schutz natürlicher Personen bei der Verarbeitung personenbezogener Daten, zum freien Datenverkehr und zur Aufhebung der Richtlinie 95/46/EG (Datenschutz-Grundverordnung).

45   Abrufbar unter https://takeout.google.com/settings/takeout.

46   Abrufbar unter https://support.google.com/websearch/answer/6068625?p=ws_history_download&rd=1.

2.   Allgemeine Verfügbarkeit von Suchdaten

Über die Möglichkeit zur Mitnahme von Daten von einem zum anderen Anbieter hinaus ist es für den Wettbewerb zwischen Suchmaschinen von Bedeutung, welche Daten neuen Anbietern in diesem Bereich allgemein zur Verfügung stehen und zur Entwicklung eigener Dienste genutzt werden können. Je umfangreicher solche Möglichkeiten bestehen, desto weniger Vorsprung im Wettbewerb bedeutet es für etablierte Anbieter gegenüber neuen Anbietern, über "viele" Daten zu verfügen.

Google stellt ein Produkt zur Verfügung, welches allen Interessierten Einblicke in die getätigten Suchen erlaubt und so als wertvolle Quelle für die Entwicklung eigener Suchdienste dienen kann.

Mit Google Trends[47] kann die Nutzung der Google Suchmaschine auf Basis einzelner Suchanfragen oder Kombination von Suchanfragen über die letzten zehn Jahre hinweg detailliert analysiert und diese Analyse auch extrahiert werden. Die Nutzung des Dienstes steht jedem Interessierten kostenfrei zur Verfügung, der wissen möchte nach welchen Suchbegriffen wo und zu welchem Zeitpunkt wie häufig gesucht wurde (wobei die Häufigkeit nicht in absoluten Zahlen, sondern in Relation zu allen Suchen dargestellt wird). Dabei bestehen vielfältige Möglichkeiten, die Analyse zu verfeinern, nicht nur im Hinblick auf die Suchbegriffe. So kann die Analyse regional eingegrenzt werden, von der Ebene eines Landes bis hinunter auf einzelne Regionen und sogar Städte. Auch eine zeitliche Eingrenzung ist möglich, ob auf Jahre, Tage oder sogar die letzte vergangene Stunde. Ein nicht unerheblicher Teil der von Google im Kontext der Suche erhobenen Daten ist damit öffentlich und allgemein zugänglich, auch für potentielle Wettbewerber von Google.

Darüber hinaus gibt es weitere Dienste, die Neueinsteigern in den Suchmaschinenbereich Daten zur Verfügung stellen. Der Service von "Common Crawl" zum Beispiel bietet ein Archiv von fünf Milliarden gecrawlten Webseiten zur freien Verwendung, was insgesamt eine Datenmenge von mehreren Petabytes aus den letzten sieben Jahren ausmacht.[48] Ergänzt werden diese Datensammlungen durch Anleitungen im Internet, die ausführlich die Programmierung von eigenen Such-Algoritmen erklären.[49] Diese Datenbasis sowie das im Internet ver-

---

47   Abrufbar unter https://www.google.de/trends/.
48   Abrufbar unter http://commoncrawl.org/.
49   So zB die Tutorials von Common Crawl, abrufbar unter http://commoncrawl.org/the-data/tutorials/, Anleitungen wie zB http://www.makeuseof.com/tag/build-basic-web-crawler-pull-information-website/ und Erfahrungsberichte wie zB http://www.michael nielsen.org/ddi/how-to-crawl-a-quarter-billion-webpages-in-40-hours/ m.w.N.

fügbare kostenlose Know-How stellen eine Grundlage dar, um eine Suchmaschine zu entwickeln. So wurde das Daten-Archiv von "Common Crawl" z.B. dafür genutzt, die Bilder-Suchmaschine TinEye[50] zu schaffen.[51]

Die vorgenannten Datenquellen mögen für sich allein noch keine hinreichende Grundlage dafür darstellen, eine Suchmaschine zu betreiben. Diese und weitere Beispiele verdeutlichen dennoch, dass die Nutzung der Daten Dritter eine Alternative zu der eigenen Erhebung der Daten darstellt. Indem sie von dieser Möglichkeit Gebrauch machen, sind Neueinsteiger in der Lage, Nachteile im Wettbewerb mit etablierten Anbietern auszugleichen. Auch dies relativiert die Wichtigkeit, als Suchmaschine über eine große Menge eigener Daten zu verfügen.

V. Werbung bei Suchmaschinen und Daten

Eine besondere Aufmerksamkeit verdient die Bedeutung von Daten für Werbung, die im Suchkontext erscheint, denn dies ist die Haupteinnahmequelle von vielen Suchmaschinen, darunter Google.

Auch in diesem Bereich sind Daten wichtig, denn sie ermöglichen es, dem Suchenden möglichst passende Werbung anzuzeigen. Eine relevante Werbeanzeige erhöht die Wahrscheinlichkeit, dass der Nutzer die Werbung anklickt und dadurch auf die Seite des Werbetreibenden weitergeleitet wird, um sich dort mit dem Angebot des Werbetreibenden näher zu beschäftigen. Nach einem der gängigen Geschäftsmodelle für Werbung im Suchkontext ist nämlich die bloße Darstellung der Werbeanzeige im Umfeld der organischen Suchergebnisse kostenlos, erst wenn der Nutzer die Werbeanzeige anklickt und auf die Seite des Werbetreibenden weitergeleitet wird (also wenn der Nutzer sich wirklich für das Angebot interessiert), erhält Google durch den Klick des Nutzers Geld von dem Werbetreibenden, auf dessen Seite der Nutzer nach dem Klick weitergeleitet wird.[52] Daten spielen bei der Beurteilung der Relevanz von Werbeanzeigen durch Google eine Rolle, welche wiederum dabei berücksichtigt wird, welche konkrete Anzeige sich in der Anzeigenauktion zwischen verschiedenen Werbe-

50 Abrufbar unter http://www.tineye.com/. Wenn man dort ein Bild in die Suche eingibt erhält man Informationen darüber, wo dieses Bild im Internet auftaucht, sog. "reversed image search".

51 Siehe Brandom, Common Crawl: going after Google on a non-profit budget, http://www.theverge.com/2013/3/1/4043374/common-crawl-going-after-google-on-a-non-profit-budget.

52 Lerner, the Role of "Big Data" in Online Platform Competition, S. 11. Zur Funktionsweise von AdWords siehe https://support.google.com/adwords/answer/6349091?hl=de oder http://www.google.de/adwords/.

treibenden durchsetzt.[53] Für die Anzeigenauktion sind eine Reihe von Faktoren (und die dafür erforderlichen Daten) relevant, wie zB die erwartete Klickrate der Anzeige, die bisherige Klickrate der angezeigten URL, die Qualität der Zielseite, die Anzeigen- bzw. Suchrelevanz für die Suche eines Nutzers, die geografische Ausrichtung sowie die Ausrichtung auf Gerätetypen wie Desktopcomputer, Laptops, Mobilgeräte und Tablets.[54]

Gleichwohl ist bei Werbung im Suchkontext zu berücksichtigen, dass die beiden wichtigsten Signale für die Ausspielung relevanter Werbeanzeigen bei jeder Suche vom Nutzer der Suchmaschine unmittelbar selbst übermittelt werden: Zum einen ist dies der ungefähre Standort des Benutzers, welcher sich aus der IP-Adresse ergibt. Und zum anderen das unmittelbare Bedürfnis des Nutzers, welches in dem Suchbegriff verkörpert ist.

Sucht der Nutzer nach "Hausratversicherung", "Samsung Galaxy" oder "Wellness Ostsee", muss ein Anbieter von Werbung im Umfeld der Suche nicht zwingend über zusätzliche Informationen aus der Nutzung des Dienstes in der Vergangenheit verfügen, um dem Nutzer relevante Werbeanzeigen zu liefern. Der Anbieter eines solchen Werbeformats erfährt durch die Benutzung der Suchmaschine unmittelbar, dass der Nutzer wahrscheinlich eine Hausratversicherung abschließen möchte, dass er ein Samsung Galaxy erwerben oder gerne an der Ostsee einen Wellness Urlaub machen möchte. Diese Daten sind, kombiniert mit der Information über den Standort aus der IP-Adresse, bereits für sich allein ausreichend, dem Nutzer ziemlich passgenaue Werbung zu präsentieren, ohne dass der Werbeanbieter zwingend Zugriff auf weitere (historische) Daten über den Nutzer haben muss.

Zusätzliche Informationen mögen nützlich für den Suchmaschinenanbieter sein, um die Relevanz seiner Anzeigen noch weiter zu erhöhen. Unbedingt erforderlich, um gleich mit dem Markteintritt dem Nutzer relevante Werbung präsentieren zu können, sind sie nicht. Gerade im Bereich suchkontextbezogener Werbung wird daher die Bedeutung der Menge an Daten als Markteintrittsbarriere für den Erfolg im Wettbewerb zwischen Suchmaschinen am meisten überschätzt.

---

53   Zur Funktionsweise der Anzeigenauktion bei AdWords siehe https://support.google.com/adsense/answer/160525?hl=de sowie https://support.google.com/adwords/answer/142918?hl=de.
54   Siehe dazu https://support.google.com/adwords/answer/2454010?hl=de.

E.   Die bisherige Entwicklung von Suchmaschinen und anderen
      Internetdiensten

Für die Diskussion um die Rolle von Daten im Wettbewerb zwischen Internetdiensten allgemein und zwischen Suchmaschinen im Besonderen ist es erhellend,
die bisherige Entwicklung in diesem Bereich zu betrachten.

Im Bereich der Suchmaschinen wird teilweise suggeriert, dass Google durch
die große Zahl an Nutzern und den damit verbundenen Zugriff auf eine große
Menge an Daten einen Vorsprung habe, der von anderen Unternehmen nicht
mehr einzuholen und deshalb ein erfolgreicher Eintritt neuer Wettbewerber nicht
mehr zu erwarten sei.[55]

Diese Ansicht, die bei Suchmaschinen quasi den Eintritt des "Endes der Geschichte" gekommen sieht, berücksichtigt nicht die anhaltende Dynamik der
Entwicklung im Internet. Google gibt es erst seit 18 Jahren, viele andere erfolgreiche Internetunternehmen sind noch wesentlich jünger. Vor dem Hintergrund
zahlreicher Neugründungen von Internetfirmen gerade in den letzten Jahren, deren teils enormer wirtschaftlicher Erfolg sämtlich nicht auf der initialen Verfügbarkeit großer Mengen an Daten aufbaut, erscheint die Behauptung abwegig, nur
wer über große Mengen an Daten verfüge, könne im Internet erfolgreich sein.

Bereits die Geschichte von Google selbst belegt, dass der Eintritt in den Wettbewerb und der Erfolg bei Suchmaschinen nicht von der Verfügbarkeit von Daten abhängen. Auch Google musste sich zunächst gegen etablierte Suchmaschinen durchsetzen. Als Google 1998 den Betrieb der Suchmaschine aufnahm, hatten etablierte Wettbewerber wie AltaVista, Ask Jeeves, Lycos oder Yahoo sehr
viel mehr Nutzer als Google und damit auch viel mehr Daten aus vergangenen
Suchen.[56] Das hinderte Google trotzdem nicht daran, ein innovatives Produkt zu
entwickeln und Nutzer von dessen Qualität zu überzeugen und für sich zu gewinnen.[57]

Auch heute bieten Bing, Yahoo, Ask, Baidu, Yandex und viele andere Anbieter wettbewerbsfähige Suchmaschinen an[58], obwohl diese Dienste teilweise weniger Nutzer und damit auch einen kleineren Datenbestand haben als Google.

---

55   So bspw. Döpfner, Warum wir Google fürchten, S. 7, abrufbar unter http://www.
      faz.net/aktuell/feuilleton/medien/mathias-doepfner-warum-wir-google-fuerchten-
      12897463-p7.html.; Kaufmanns/Siegenheim, Die Google-Ökonomie, 2009, S. 406.
56   Darauf weist auch das gemeinsame Papier der Autorité de la concurrence und des Bun-
      deskartellamts, "Competition Law and Data" vom 10. Mai 2016, S. 29 hin.
57   Lerner, the Role of "Big Data" in Online Platform Competition, S. 47 f.
58   Tucker/Wellford, Big Mistakes Regarding Big Data, abrufbar unter https://www.mor
      ganlewis.com/~/media/antitrustsource_bigmistakesregardingbigdata_december2014.ashx,
      S. 7.

Bei den Unternehmen, welche jüngst als neue Suchmaschinen aufgetreten sind, gibt es sogar die Tendenz, wenig oder keine (personenbezogenen) Daten bei der Nutzung der Suchmaschine zu erheben oder zu speichern und diesen Umstand zu einem zentralen Bestandteil ihres Geschäftsmodells zu machen. Beispielhaft seien hier ixquick, Qwant oder DuckDuckGo genannt. Alle drei werben damit, keine oder zumindest weniger Daten als andere Suchmaschinen zu erheben und stellen dies als zentrales Argument für die Nutzung ihres Angebots dar. Unterstellt man dies als richtig, wäre der Betrieb einer Suchmaschine damit auch ganz ohne Bestand an personenbezogenen Daten der Nutzer möglich. Auch diese Entwicklung ist ein Beleg gegen die These, dass im Wettbewerb zwischen Suchmaschinen ein mehr an Daten den wesentlichen Vorteil ausmacht. Es gibt durchaus auch andere Ansätze, für die sich offenbar ebenfalls viele Nutzer gewinnen lassen.[59]

Die These, dass viele Daten im Onlinebereich eine Grundvoraussetzung sind, um erfolgreiche Dienste anzubieten, wird über den Bereich der Suchmaschinen hinaus auch durch die allgemeine Entwicklung der letzten 15 Jahre widerlegt.

Das zentrale Kriterium für den Erfolg von Online-Diensten ist es, die Bedürfnisse der Nutzer zu erkennen oder zu wecken und diese Bedürfnisse dann mit einem innovativen Dienst zu befriedigen. Das ist Google mit einigen Diensten gelungen (aber auch nicht allen, wie z.B. der vergleichsweise geringe Erfolg von Diensten wie Google Wave und Buzz zeigt), aber auch vielen anderen Anbietern: Das 1994 gegründete Online-Versandhaus Amazon hatte im Jahr 2015 einen Umsatz von 107 Milliarden US-Dollar.[60] Der 1997 gegründete Streaming-Dienst Netflix hatte im April 2016 81 Millionen Abonnenten weltweit.[61] Das 2004 gegründete soziale Netzwerk Facebook hatte im März 2016 1,65 Milliarden monatlich aktive Nutzer.[62] Einen vergleichbar rasanten Aufstieg verzeichneten bspw. das 2004 gegründete Empfehlungsportal für Restaurants und Geschäfte Yelp.com (mit einem Jahresumsatz von ca. 550 Millionen US-Dollar im Jahr

---

59 So stieg der Traffic auf DuckDuckGo von ca. 300.000 Suchanfragen am Tag im Jahr 2012 auf ca. 11.500.000 Suchanfragen pro Tag im Mai 2016, siehe https:// duckduckgo.com/traffic.html. Bei ixquick stiegen die Suchanfragen von ca. 900.000 pro Tag im Jahr 2012 auf ca. 5.000.000 pro Tag im Mai 2016 an, siehe https://www.ix quick.com/traffic/. Bei Qwant stiegen die Suchanfragen von 507 Millionen Suchanfragen im Jahr 2013 auf 1,6 Milliarden Suchanfragen im Jahr 2014, siehe http://www.axelspring er.de/en/presse/The-European-Search-Engine-Qwant-Is-Launching-Its-New-Version_23 136551.html.

60 Siehe http://phx.corporate-ir.net/phoenix.zhtml?c=97664&p=irol-newsArticle&ID=213 3281.

61 Siehe http://ir.netflix.com/eventdetail.cfm?eventid=171011.

62 Siehe http://investor.fb.com/releasedetail.cfm?ReleaseID=967167.

2015)[63], der Kurznachrichtendienst Twitter (2006 gegründet, im März 2016 ca. 320 Millionen Mitglieder)[64], der 2006 gegründete Musik-Streaming-Dienst Spotify (mit ca. 75 Millionen aktiven Nutzern im Jahr 2015)[65], die 2007 gegründete Bloggingplattform Tumblr (ca. 230 Millionen Nutzer im Jahr 2016)[66], der 2007 gegründete Online-Musikdienst SoundCloud (mit 175 Millionen monatlichen Nutzern im Jahr 2014)[67], der 2008 gegründeten Marktplatz für die Buchung und Vermietung von Unterkünften Airbnb (mit ca. 2 Millionen Inseraten in 190 Ländern im Februar 2016)[68], der Instant-Messaging Dienst WhatsApp (2009 gegründet, im April 2015 ca. 800 Millionen aktive Nutzer)[69], der Online-Vermittlungsdienst für Fahrdienstleistungen Uber (2009 gegründet und mit ca. 10 Milliarden weltweit verbuchten Fahrten im Jahr 2015)[70], Instagram (2010 gegründeter Dienst zum Teilen von Fotos mit ca. 300 Millionen Nutzer im April 2015)[71], der 2011 gegründete Instant-Messaging-Dienst Snapchat (mit welchem 2016 ca. 10 Milliarden Videos pro Tag angesehen werden)[72] und die 2012 gegründete mobile Dating-Plattform Tinder (ca. 2 Millionen Nutzer in Deutschland im Jahr 2015)[73]. Dabei handelt es sich nur um eine beispielhafte und nicht annähernd abschließende Auflistung einiger erfolgreicher Anbieter, welche in den letzten Jahren entstanden sind. Keinem der genannten Unternehmen standen bei Markteintritt signifikante Mengen an Daten zur Verfügung. Das hat diese Unternehmen nicht daran gehindert, im Wettbewerb um die Nutzer erfolgreich zu sein.[74]

Aus den bisherigen Erfahrungen der Internetwirtschaft lässt sich gerade nicht schließen, dass eine große Menge an Daten einen hinreichenden Schutz gegen

---

63 Siehe http://phx.corporate-ir.net/External.File?item=UGFyZW50SUQ9MzIyMTk0fENo
aWxkSUQ9LTF8VHlwZT0z&t=1&cb=635902205066139247=.

64 Siehe https://about.twitter.com/company.

65 Siehe http://www.computerbild.de/artikel/cb-News-Internet-Spotify-Nutzerzahlen-Statis
tik-11918302.html.

66 Siehe http://blog.wiwo.de/look-at-it/2016/02/16/social-media-von-1-milliarde-nutzer-
2010-auf-fast-2-milliarden-nutzer-2015/.

67 Siehe http://www.foerderland.de/digitale-wirtschaft/netzwertig/news/artikel/irrefuehren
de-presseberichte-was-die-nutzerzahlen-von-soundcloud-wirklich-bedeuten/.

68 Siehe https://www.airbnb.com/about/about-us.

69 Siehe http://www.heise.de/newsticker/meldung/WhatsApp-mit-800-Millionen-aktiven-
Nutzern-2612236.html.

70 Siehe http://www.reuters.com/article/us-uber-tech-fundraising-idUSKCN0QQ0G320150
821.

71 Siehe https://www.instagram.com/about/us/.

72 Siehe http://mashable.com/2016/04/28/snapchat-video-views-billion/#QqRbW4NZ7Gql.

73 Siehe http://www.spiegel.de/netzwelt/web/tinder-dating-app-hat-zwei-millionen-nutzer-
in-deutschland-a-1015930.html.

74 Weber, Information at the crossroads of competition and data protection law, S. 8.

ein überlegenes Produkt eines Wettbewerbers bietet. Erfolgreich ist, wer dem Nutzer einen Mehrwert anbietet, welcher vorher in dieser Form nicht bestand.[75]

F.   Fazit

Es ist nach alledem nicht gerechtfertigt, eine große Menge an Daten als wesentliche oder gar alleinige Voraussetzung für den Erfolg im Wettbewerb im Internet anzusehen.[76] Die Fähigkeit zur Datenanalyse und konstanter Innovation mit Blick auf die Bedürfnisse des Nutzers entscheiden über den Erfolg eines Geschäftsmodells; die schiere Menge an Daten ist demgegenüber nachrangig.[77]

Der Erfolg im Internet beruht auf Innovation, nicht auf der Menge an Daten.

Nichts anderes gilt für den Wettbewerb zwischen Anbietern von Suchmaschinen. Einen Platz an der Sonne zu haben (oder, auch wenn der Vergleich nicht passt, eine Ölquelle zu besitzen), ist auch hier kein Garant für (dauerhaften) Erfolg. Dies gilt für alle Anbieter, einschließlich Google. Verpassen sie es, den eigenen Dienst mit Blick auf die sich wandelnden Bedürfnisse der Nutzer stetig weiter zu entwickeln und fortwährend innovativ zu bleiben, ist es auch bei Suchmaschinen nur eine Frage der Zeit, bis sich die Nutzer anderen Angeboten zuwenden.[78]

---

75   Lambrecht/Tucker, Can Big Data Protect a Form from Competition, S. 16.
76   Lerner, the Role of "Big Data" in Online Platform Competition, S. 5.
77   Vgl. auch Monopolkommission, Sondergutachten 68 (Wettbewerbspolitik: Herausforderung digitale Märkte), S. 85.
78   Auch aus diesem Grund hat Google im Jahre 2015 mehr als 12 Milliarden US$ für Forschung und Entwicklung ausgegeben, mehr als doppelt so viel wie noch 2011.

Daten und Wettbewerb in der digitalen Ökonomie (Tagungsbericht)

Dominik Rock

Inhalt

I. Big Data: Eine ökonomische Perspektive   152
II. Dateneigentum   152
III. Datenschutz   153
IV. Datenmacht   154

Vielen Internetdiensten, wie Suchmaschinen, sozialen Netzwerken und Kartendiensten, liegen mehrseitige plattformbasierte Geschäftsmodelle zugrunde, die auf der Erhebung und Auswertung von Nutzerdaten basieren. Vor diesem Hintergrund können Daten als wichtiger „Rohstoff" der digitalen Ökonomie verstanden werden. Daten gewinnen aber auch in anderen Bereichen, etwa im Kontext der Industrie 4.0, kontinuierlich an Bedeutung. Aus dieser Entwicklung resultieren eine ganze Reihe interessante ökonomische wie rechtliche Fragestellungen, die im Spannungsfeld zwischen Datenschutz, Verbraucherschutz und dem Wettbewerbsrecht angesiedelt sind. So stellt sich zum einen die Frage, ob man Eigentum an Daten definieren und schützen kann. Zum anderen ist bislang nicht geklärt, wie innovative datenbasierte Dienste und Datenschutz bestmöglich miteinander in Einklang gebracht werden können. Darüber hinaus ist fraglich, ob Daten als Machtfaktor im Wettbewerb angesehen werden können. Diese und andere spannende Fragen waren Gegenstand der 5. Göttinger Kartellrechtsgespräche am 22. Januar 2016 zum Thema „Daten und Wettbewerb in der digitalen Ökonomie – Dateneigentum, Datenschutz, Datenmacht". Ihnen wurde von den Referenten, allesamt renommierte Experten aus Wissenschaft und Praxis, in sechs spannenden Vorträgen sowie einer abschließenden Podiumsdiskussion nachgespürt. Die Tagung wurde von Herrn Prof. Dr. Dr. h.c. Ulrich Immenga und Herrn Prof. Dr. Torsten Körber, LL.M. von der Universität Göttingen, in Kooperation mit der Kanzlei WilmerHale, veranstaltet.

Dominik Rock

I.   Big Data: Eine ökonomische Perspektive

Nach der Begrüßung durch Herrn Prof. Dr. Dr. h.c. Immenga folgte ein Vortrag von Herrn Prof. Dr. Ralf Dewenter von der HSU Hamburg zum Thema „Big Data: Eine ökonomische Perspektive", der die Bedeutung von „Big Data" aus ökonomischer Sicht beleuchtete. Obwohl für die Internetwelt mehrseitige Märkte und werbefinanzierte Geschäftsmodelle charakteristisch seien, könne man Daten nicht als „Öl der digitalen Ökonomie" ansehen, da Daten Eigenschaften wie Heterogenität und Nicht-Rivalität aufweisen. Darüber hinaus sei „Big Data" nicht nur Folge der Digitalisierung, sondern könne auch in anderen Lebensbereichen entstehen. Daten seien nicht nur ein wichtiger Inputfaktor für die Entwicklung von Gütern und Dienstleistungen, sondern ihnen komme auch effizienzsteigernde Wirkung zu, da sie etwa bessere Suchergebnisse oder zielgenauere Werbung ermöglichen würden. Doch die Erhebung großer Datenmengen könne auch zu Problemen führen, vor allem in datenschutzrechtlicher Hinsicht. Diesbezüglich müsse aber hinterfragt werden, wie viel Datenschutz angemessen sei, da die Gefahr bestehe, dass durch zu viel Datenschutz Marktzutrittsbarrieren errichtet oder Geschäftsmodelle unmöglich gemacht würden. Vor diesem Hintergrund sei es vielmehr notwendig, das Datenschutzrecht an die Realität anzupassen. Möglicherweise sei in diesem Zusammenhang ein Mehr an Transparenz vorzugswürdig, was bereits durch den Abbau von Informationsasymmetrien erreicht werden könnte. Anschließend widmete sich Herr Dewenter dem Einfluss von Daten auf den Wettbewerb. Grundsätzlich könnten Daten einem Unternehmen Marktmacht verschaffen, was in diesem Kontext aber nicht zwangsläufig problematisch sein müsse. Doch könne eine hohe Datenkonzentration in einer Hand auch zu Wettbewerbsproblemen führen. Daraus könnten vor allem Marktzutrittsbarrieren resultieren, was aber von Fall zu Fall festgestellt werden müsste. Von einer „essential facility" auf der Grundlage von Daten könne jedoch nicht ohne Weiteres ausgegangen werden, vor allem weil Daten i.d.R. nicht exklusiv seien. Fraglich sei darüber hinaus, ob Daten eine andere Bewertung von Zusammenschlüssen erforderlich machen würden, in deren Rahmen etwa eine mögliche Umgehung des Datenschutzes von Bedeutung sei. Klarheit bestehe im Hinblick auf die Fusionskontrolle jedoch nur insoweit, als auch in derartigen Fällen geklärt werden müsse, ob Marktmacht entstehe oder verstärkt werde. Eine Erweiterung der Fusionskontrolle sei aber derzeit nicht erforderlich.

II. Dateneigentum

Im zweiten Vortrag referierte Herr Prof. Dr. Herbert Zech von der Universität Basel über „Datennutzungsrechte als Teil des rechtlichen Rahmens für eine Datenwirtschaft". Darin ging es zunächst vor allem um die Frage, ob an Daten Eigentum bzw. eigentumsartige Rechte (Datennutzungsrechte) bestehen können. Ein Verfügungsrecht könne jedenfalls nicht aus dem Datenschutzrecht, das lediglich als Abwehrrecht ausgestaltet sei, hergeleitet werden. Auch die neue Datenschutzgrundverordnung führe in dieser Hinsicht zu keinem anderen Ergebnis, da sie gerade kein vollwertiges Verfügungsrecht an Daten etabliere, sondern lediglich den Umgang mit Daten definiere. Datennutzungsrechte könnten aber einen Markt für Daten ermöglichen und so zum Aufbau einer Datenwirtschaft beitragen. Da Daten ein kommerzieller Wert zukomme, handele es sich um „assets". Problematisch daran sei indes, dass dieser Wert bislang nicht dem Erzeuger der Daten zustehe. Daher machte sich Zech für ein Datenerzeugerrecht stark, wonach die Datennutzung dem Datenerzeuger zugewiesen sein soll. Das könne teilweise schon mit dem Schutz von Daten de lege lata, der vor allem durch § 823 Abs. 1 BGB sowie § 303a StGB zum Ausdruck komme, begründet werden. Ob de lege ferenda ein echtes Datenerzeugerrecht geschaffen werden solle, müsse im Wege einer kritischen Abwägung der ökonomischen Vor- und Nachteile geklärt werden.

III. Datenschutz

Die Rolle des Datenschutzes beleuchtete Herr Prof. Dr. Hans-Georg Kamann von WilmerHale in seinem Vortrag „Die neue Datenschutz-Grundverordnung – eine erste Einordnung aus kartellrechtlicher Sicht". Zunächst warf Herr Kamann die Frage auf, welche Rolle das Datenschutzrecht aus kartellrechtlicher Sicht überhaupt spiele. Einerseits sei jüngst von prominenten EuGH-Richtern gefordert worden, Fragen im Zusammenhang mit marktstarken Internetunternehmen nicht nur – wie es der EuGH zuvor noch getan habe – datenschutzrechtlich, sondern auch kartellrechtlich zu adressieren. Andererseits werde auch von Datenschützern zunehmend eine Integration des Datenschutzes in das Kartellrecht gefordert. So werde überlegt, ob ein Verstoß gegen das Datenschutzrecht als kartellrechtlicher Ausbeutungsmissbrauch gewertet werden könne. Insgesamt spiele der Datenschutz in der Kartellpraxis eine immer wichtigere Rolle. Anschließend verglich Herr Kamann die Grundkonzepte der Rechtsgebiete. Er wies darauf hin, dass nach Meinung einiger beide Gebiete Verbraucherschutzrecht seien, in jedem Fall aber Binnenmarktrecht darstellen würden. Durch die Datenschutz-

grundverordnung werde der räumliche Anwendungsbereich des Datenschutzrechts auch noch erweitert, wodurch eine gewisse Ähnlichkeit mit dem kartellrechtlichen Auswirkungsprinzip entstehe. Parallelen gebe es auch im Bereich der
Rechtsdurchsetzung. Was die behördliche Rechtsdurchsetzung angehe, führe die
Datenschutzgrundverordnung nun Bußgelder sowie Untersuchungsbefugnisse für
Datenschutzbehörden ein, die an die der Kartellbehörden erinnern würden. Daneben würde nun im Datenschutzrecht, wie im Kartellrecht, die private Rechtsdurchsetzung weiter gestärkt. Die in der Datenschutzgrundverordnung und der
Kartellschadensersatzrichtlinie niedergelegten Grundsätze könnten unter Umständen sogar den Kern eines allgemeinen europäischen Schadensrechts darstellen. Ein problematischer Unterschied zum Kartellrecht sei indes, dass die Verordnung den Datenschutz in der Union nicht harmonisiere, weil sie in vielen
Punkten nationale Sonderwege zulasse. Anders als im Kartellrecht, wo praktisch
eine einheitliche Durchsetzung durch die nationalen Wettbewerbsbehörden statt-
finde, sei dies bei der Durchsetzung des Datenschutzrechts aber sehr fraglich.
Daher sei offen, ob die Datenschutzgrundverordnung die mit ihr verfolgten Ziele
erreichen werde.

IV. Datenmacht

Das Verhältnis von Daten und Marktmacht war zunächst Gegenstand des Vortrags von Herrn Prof. Dr. Körber mit dem Titel „Ist Wissen Marktmacht? Zum
Verhältnis von Kartellrecht und Datenschutzrecht". Da viele Internetunternehmen aufgrund zweiseitiger Geschäftsmodelle in hohem Maße auf Daten ange-
wiesen seien, komme dem Datenschutz inzwischen auch hohe ökonomische Bedeutung zu. Datenschutz könne nicht mehr nur einseitig als Abwehrrecht verstanden werden. Sonst bestehe die Gefahr, dass das Datenschutzrecht zu Ineffizienzen führe, zum Hemmschuh für Innovation werde und den Zutritt zum Markt
erschwere. Herr Körber machte sich für eine differenzierte Betrachtung stark, in
der Daten als „Währung des Internets" verstanden werden und in welcher anstel-
le paternalistischen Datenschutzes die Konsumentensouveränität gestärkt werde.
Außerdem dürfe man die Zweiseitigkeit der Märkte nicht außer Acht lassen, da
die gewonnenen Daten auch zur Optimierung der angebotenen Dienste beitragen
würden. Demzufolge könne die Datennutzung die Konsumentenwohlfahrt steigern, wohingegen diese durch überzogene Datenschutzbestimmungen gerade reduziert werden könne. Um festzustellen, unter welchen Voraussetzungen Daten
Marktmacht verleihen, müsse ebenfalls eine differenzierte Betrachtung angestellt
werden. Zunächst seien Daten nicht gleich Daten, weshalb auch kein Datenmarkt
existiere. Zudem könne von einer größeren Datenmenge nicht ohne Weiteres auf

Marktmacht geschlossen werden, weil dafür auch die Qualität der Daten sowie die der Datenverarbeitungsalgorithmen entscheidend seien. Außerdem gelte auch in diesem Kontext, dass Marktmacht kartellrechtlich nicht zu beanstanden sei, sondern lediglich deren Missbrauch. Allein aus dem Umstand, dass Nutzerdaten für Internetunternehmen einen hohen ökonomischen Wert haben, könne aber keine missbrauchsrelevante Ausbeutung der Nutzer gefolgert werden. Vielmehr sei den meisten Nutzern bewusst, dass sie im Internet auch mit ihren Daten „bezahlen" würden. Im Internet zeichne sich sogar eine deutliche Präferenz für werbefinanzierte Produkte ab. Zu beachten sei im Übrigen, dass offene Preisdifferenzierungen nicht zu beanstanden und versteckte Diskriminierungen wegen der ausgeprägten Transparenz im Internet für die Unternehmen überaus riskant seien. Gegen die Einordnung eines großen „Datenschatzes" als „essential facility" spreche, dass Daten zumeist nicht exklusiv seien und auch aus zahlreichen Quellen bezogen werden könnten. Ein datenbezogener Machtmissbrauch komme ggf. im Zusammenhang mit Exklusivverträgen in Betracht. Schließlich ging Körber noch auf das Verhältnis von Kartellrecht und Datenschutz ein. Der Ansatz, Datenschutzaspekte in kartellbehördlichen Entscheidungen zu berücksichtigen, sei verfehlt. Denn das Kartellrecht sei allein dem Schutz des Wettbewerbs verpflichtet. In Anbetracht dessen gehe es grundsätzlich zu weit, mit einem Verstoß gegen das Datenschutzrecht einen kartellrechtlichen Missbrauchsvorwurf zu begründen. Das sei vielmehr auf besondere Fälle zu beschränken, namentlich wenn ein kausaler Zusammenhang auszumachen sei oder zumindest feststehe, dass der Verstoß gerade zwecks Ausbeutung bzw. Behinderung erfolgt sei. Umgekehrt könnten Kartellverstöße auch nicht mit besserem Datenschutz gerechtfertigt werden. Kartellbehörden dürften nicht zu „Hilfs-Datenschutzbehörden" instrumentalisiert werden, da der Datenschutz nicht ihre Aufgabe sei und sie zudem überfordere.

Das Thema „Daten und Marktmacht" wurde anschließend noch in einem weiteren Vortrag von Frau Dr. Irene Sewczyk vom BKartA behandelt, der erkennen ließ, wie die Behörde dem Thema begegnet. Zunächst stellte Frau Sewczyk klar, dass es sich um einen besonderen Bereich handele, der besondere Aufmerksamkeit erfordere. Sie betonte, dass die Gewinnung von Daten in zweifacher Hinsicht positiv sei, da sie werbefinanzierte Dienste nicht nur ermögliche, sondern auch entscheidend zur Verbesserung der Produkte beitrage. Durch die Erhebung von Daten könne etwa die Internetsuche optimiert werden. Es gehe jedoch um personenbezogene Daten, was den Datenschutz auf den Plan rufe. Zwar sei der Datenschutz nicht Aufgabe des Kartellrechts, aber aus einem Rechtsverstoß könne durchaus ein Verstoß gegen das Wettbewerbsrecht resultieren. Daher müssten die Kartellbehörden auch den Datenschutz beachten. Die Annahme von „Datenmärkten" scheide i.d.R. zwar aus, aber es handele sich bei Daten oft um entscheidende Inputfaktoren auf anderen Märkten. Daher könne die Herrschaft über Daten auch ein Faktor für Marktmacht sein. Bei der Beurteilung von Marktmacht in „datengetriebenen" Märkten sei es wichtig die Besonderheiten zweiseitiger Märkte, wie Netzwerkeffekte, zu beachten. Denn vor allem, wenn ein Zusammenhang zwischen derartigen Effekten und Daten zu beobachten sei, könne sich die Herrschaft über Daten in wettbewerblicher Hinsicht als problematisch erweisen. Allerdings bewege sich die Kartellrechtsaufsicht in einem Spannungsfeld: Ein frühes Einschreiten in dynamischen Bereichen dürfe die Dynamik der Märkte nicht hemmen, könne aber zum Schutz des Innovationswettbewerbs erforderlich sein. Im Rahmen der Missbrauchsaufsicht müsse stets eine Einzelfallbetrachtung vorgenommen werden. Einer Übertragung der „essential facility"-Doktrin auf den Zugang zu Daten stand Sewczyk kritisch gegenüber. Was die Bewertung von Zusammenschlüssen im Datenkontext angehe, sei von besonderer Bedeutung, ob dadurch eine für den Wettbewerb kritische Zusammenlegung von Daten bewirkt werde.

Zuletzt referierte Herr Dennis Kaben, LL.M. von Google Deutschland über „Die Bedeutung von Daten für den Wettbewerb zwischen Suchmaschinen" und zeigte dabei insbesondere auf, welchen Wert Daten für Unternehmen haben. Er übte zunächst Kritik daran, dass Daten oft mit Öl verglichen würden, da man sie relativ leicht gewinnen und speichern könne. Ihnen komme zwar ein hoher Wert für Internetunternehmen zu, aber nicht bereits infolge ihrer Erhebung. Für Google würden Daten vielmehr erst nach einer Analyse wertvoll, vor allem für zielgenaue Werbung, wobei es sich um die Haupteinnahmequelle des Unternehmens handele. Sodann wurde aufgezeigt, welche Daten bei der Internetsuche anfallen. Für relevante Werbung sei der Suchbegriff das mit Abstand wichtigste Datum. Anschließend widmete sich Kaben dem Datenschutz. Diesbezüglich betonte er, dass Google den gesetzlichen Anforderungen entspreche und auch Datenportabilität gewährleiste. Problematisch sei in diesem Zusammenhang allerdings, dass der Umfang, den die Datenschutzerklärung aufweisen müsse, auch von den Nutzern sehr unterschiedlich bewertet werde. Abschließend warf Kaben die Frage auf, weshalb es kartellrechtlich überhaupt relevant sein solle, über wie viele personenbezogene Daten Google verfügt. Für den wirtschaftlichen Erfolg eines Unternehmens sei die Verfügbarkeit von Daten alleine kein Garant. Der Unternehmenserfolg hänge vielmehr entscheidend von guten Ideen und Innovation ab.

Autorenverzeichnis

Prof. Dr. Ralf Dewenter, Helmut-Schmidt-Universität Hamburg, Fakultät für Wirtschafts- und Sozialwissenschaften, Professur für Industrieökonomik, Anschrift: Holstenhofweg 85, 22043 Hamburg
E-Mail: dewenter@hsu-hh.de

Hendrik Lüth, Helmut-Schmidt-Universität Hamburg, Fakultät für Wirtschafts- und Sozialwissenschaften, Professur für Industrieökonomik
Adresse: Holstenhofweg 85, 22043 Hamburg
E-Mail: luethh@hsu-hh.de.

Prof. Dr. jur. Dipl-Biol. Herbert Zech, Inhaber des Lehrstuhls für Life Sciences-Recht und Immaterialgüterrecht an der Universität Basel
Anschrift: Peter-Merian-Weg 8, 4002 Basel
E-Mail: LstZech-ius@unibas.ch

Prof. Dr. Hans-Georg Kamann, Wilmer Cutler Pickering Hale and Dorr LLP
Anschrift: Wildungsstraße 9, 60487 Frankfurt am Main
E-Mail: Hans-Georg.Kamann@wilmerhale.com

Prof. Dr. Torsten Körber, LL.M., Georg-August-Universität Göttingen, Lehrstuhl für Bürgerliches Recht, Kartellrecht, Versicherungs-, Gesellschafts- und Regulierungsrecht
Anschrift: Platz der Göttinger Sieben 6, 37073 Göttingen
E-Mail: koerber@ls-koerber.de

Dennis Kaben, Legal Director, Google Germany GmbH
Anschrift: ABC-Straße 19, 20354 Hamburg
E-Mail: dkaben@google.com

Dominik Rock, wissenschaftlicher Mitarbeiter am Lehrstuhl Prof. Dr. Torsten Körber, Universität Göttingen
Anschrift: Platz der Göttinger Sieben 6, 37073 Göttingen
E-Mail: rock@ls-koerber.de